Historia de Texas

Una guía fascinante de la historia de Texas, desde la llegada de los conquistadores españoles a Norteamérica pasando por la Revolución de Texas, hasta llegar al presente

© Copyright 2021

Todos los derechos reservados. Ninguna parte de este libro puede ser reproducida de ninguna forma sin el permiso escrito del autor. Los revisores pueden citar breves pasajes en las reseñas.

Descargo de responsabilidad: Ninguna parte de esta publicación puede ser reproducida o transmitida de ninguna forma o por ningún medio, mecánico o electrónico, incluyendo fotocopias o grabaciones, o por ningún sistema de almacenamiento y recuperación de información, o transmitida por correo electrónico sin permiso escrito del editor.

Si bien se ha hecho todo lo posible por verificar la información proporcionada en esta publicación, ni el autor ni el editor asumen responsabilidad alguna por los errores, omisiones o interpretaciones contrarias al tema aquí tratado.

Este libro es solo para fines de entretenimiento. Las opiniones expresadas son únicamente las del autor y no deben tomarse como instrucciones u órdenes de expertos. El lector es responsable de sus propias acciones.

La adhesión a todas las leyes y regulaciones aplicables, incluyendo las leyes internacionales, federales, estatales y locales que rigen la concesión de licencias profesionales, las prácticas comerciales, la publicidad y todos los demás aspectos de la realización de negocios en los EE. UU., Canadá, Reino Unido o cualquier otra jurisdicción es responsabilidad exclusiva del comprador o del lector.

Ni el autor ni el editor asumen responsabilidad alguna en nombre del comprador o lector de estos materiales. Cualquier desaire percibido de cualquier individuo u organización es puramente involuntario.

Índice

INTRODUCCIÓN 1
CAPÍTULO 1 - ANTES DE COLÓN 5
   Los Caddo y el origen del nombre "Texas" 6
   Los feroces Apaches 7
   Los Comanches 9
CAPÍTULO 2 - LOS PRIMEROS COLONIZADORES: ESPAÑA Y
FRANCIA 11
   El viaje inicial de España desde el Golfo de México hasta el Océano
   Pacífico 12
   Una búsqueda errónea de oro 14
   Francia busca establecerse a lo largo del río Misisipi 17
CAPÍTULO 3 - LOS COLONOS ESPAÑOLES RECLAMAN LA
REGIÓN..19
   El primer gobernador y los asentamientos orientales 20
   Los primeros asentamientos 22
   Preocupación creciente tras la compra de Luisiana 23
CAPÍTULO 4 - LOS ESTADOUNIDENSES SE ASIENTAN 25
   Asentamientos exitosos antes de las colonias estadounidenses 26
   Condiciones para establecerse en Texas... 27
   Un cambio de gobierno.. 29

El tema del manejo de esclavos 30

Stephen Austin y la formación de los Rangers de Texas 31

CAPÍTULO 5 - AUMENTO DE LAS TENSIONES ENTRE MÉXICO Y LOS ASENTAMIENTOS 33

Los efectos de la Guerra de Independencia de México......................34

Aplicación de las nuevas leyes mexicanas 37

Creciente resentimiento 38

CAPÍTULO 6 - COMIENZA LA LUCHA POR LA INDEPENDENCIA DE TEXAS 42

La última gota 43

Conflicto abierto 44

La Declaración de Independencia de Texas y cómo los Rangers de Texas se ganaron un papel más prominente en el nuevo país 46

CAPÍTULO 7 - LA BATALLA DEL ÁLAMO Y OTRAS BATALLAS IMPORTANTES 48

Breve historia del Álamo 49

Un plan defectuoso 49

Una sombría constatación, una petición de ayuda y el nacimiento de un grito de guerra 50

La batalla de San Jacinto y el fin de la lucha por la independencia de Texas 52

La República de Texas y las tierras indefinidas................................53

CAPÍTULO 8 - LA ANEXIÓN A EE. UU. Y LA GUERRA MEXICANO-ESTADOUNIDENSE 55

Se cumplen las antiguas expectativas de los tejanos 56

La resolución conjunta para la anexión de Texas 57

La creciente preocupación de México 59

La guerra mexicano-estadounidense 62

Tratado de Guadalupe Hidalgo 64

CAPÍTULO 9 - EL PAPEL EN LA GUERRA CIVIL 66

La elección de Abraham Lincoln y la Convención de Texas para abordar la secesión 67

Movimiento para tomar el control de las tierras y los suministros federales 68
La prolongada guerra 70
El fin de la guerra 74

CAPÍTULO 10 - RECONSTRUCCIÓN 76
Llegada de las fuerzas estadounidenses 77
La fundación de la Oficina de Hombres Libres y los intereses expresados por los antiguos esclavos 78
Un comienzo falso en el regreso a los EE. UU. como estado 80
Forzando la salida de los líderes antebellum 81

CAPÍTULO 11 - LOS RANGERS DE TEXAS - UNO DE LOS ORGANISMOS POLICIALES MÁS ILUSTRES 84
Función original de los Rangers 85
Creando sus propias reglas 85
Un notable historial contra delincuentes notorios 86

CAPÍTULO 12 - TÉ DE TEXAS - EL AUGE DEL PETRÓLEO EN TEXAS 89
Un hallazgo accidental 89
El pozo de petróleo de Lucas 91
Un segundo y tercer hallazgo en Corsicana 91
El momento lo es todo 93

CAPÍTULO 13 - LA CARRERA ESPACIAL 95
La formación de la NASA y sus rápidos avances 96
Houston se convierte en el centro de los esfuerzos estadounidenses en la carrera espacial 97
Las misiones Apolo 98

CAPÍTULO 14 - EL ASESINATO DE JFK 100
Preparando la candidatura a la reelección 100
22 y 24 de noviembre de 1963 102
Consecuencias 103
Una gran cantidad de conspiraciones 105

CAPÍTULO 15 - TEXAS EN LA ACTUALIDAD 106
Estadísticas básicas de Texas 106

    La evolución de la economía y la educación en Texas 107

    Terreno y climas 108

    La sequía de Texas 108

CONCLUSIÓN 109

VEA MÁS LIBROS ESCRITOS POR CAPTIVATING HISTORY 112

BIBLIOGRAFÍA 113

Introducción

Texas es uno de los estados más conocidos de Estados Unidos (es el segundo más grande, por detrás de Alaska), y también tiene fama de ser diferente a los demás. Esta reputación es bien merecida, en parte debido a la larga y a menudo conflictiva historia del estado. Esa historia ha fascinado a mucha gente, no solo en esta nación, sino en todo el mundo, durante siglos. Desde el apogeo del salvaje Oeste y el auge petrolífero del estado hasta los célebres Texas Rangers y la construcción de una de las principales instalaciones de la NASA, parece casi imposible explorar por completo todo el rico pasado del estado.

Aunque la historia real no es tan conocida como las imágenes estereotipadas de Texas, el estado tiene un pasado que se remonta a milenios antes de la llegada de los europeos a Norteamérica. Los pueblos nativos tenían una gran variedad de culturas y creencias, mucho más diversas que las pocas religiones que se practicaban en Europa. Estos habitantes originales se adaptaron a los diferentes entornos de las vastas zonas del estado, forjando existencias con conocimientos y rituales que se han perdido en gran medida con el tiempo y la llegada de los europeos. Incluso el nombre "Texas" deriva de un término nativo americano que fue adoptado por los españoles cuando empezaron a perseguir y desplazar a los pueblos nativos.

Los españoles y los franceses fueron los primeros europeos en explorar las extensas tierras. Su llegada inició el primer gran cambio en la composición genética de la población de la región, preparando el terreno para varios siglos de lucha mientras los recién llegados intentaban hacerse con el control de las tierras de los nativos. Texas siempre fue una región muy deseada por sus numerosos recursos naturales y su ilimitado potencial. Durante varios siglos, sirvió como lugar fértil para ranchos de ganado, granjas de algodón, campos de petróleo y como fuente de madera.

Tanto los españoles como los mexicanos reconocieron lo valioso que podía ser el territorio, pero ninguno de los dos países tenía suficiente gente para poblar la región. La solución parecía obvia: invitaron a los estadounidenses a instalarse en el territorio y colonizarlo. Por supuesto, esta invitación venía acompañada de varias estipulaciones, incluida una que exigía a los estadounidenses renunciar a su ciudadanía y comerciar principalmente con México. El principal problema fue que la invitación a establecerse en la región se hizo mientras México luchaba contra España por su independencia. Esta guerra, que duró una década, afectaría a la relación entre los colonos y el recién creado país de México.

Habría muchos puntos conflictivos entre los colonos estadounidenses y México, siendo dos de los más importantes la esclavitud y el imparable flujo de nuevos colonos que llegaban al territorio. Además, los colonos se habían encargado en gran medida de su propia protección contra los nativos americanos y los bandidos que merodeaban por el campo, lo que dejó a los colonos sin ningún sentido de conexión o interés mutuo con su nación anfitriona. Con el tiempo, el anhelo de autonomía total acabó en revuelta, y el territorio de Texas se independizó. Durante casi una década, Texas fue su propia nación. Sin embargo, muchos de sus habitantes tenían raíces norteamericanas y luchaban por conseguir que su nuevo país fuera admitido en EE. UU., una medida arriesgada que casi con toda seguridad desembocaría en una guerra entre EE. UU. y México.

Cuando Estados Unidos aceptó finalmente anexionarse Texas, los políticos estadounidenses ya habían elaborado un plan para asegurarse la adquisición de aún más tierras de México. México era una nación nueva, mientras que EE. UU. llevaba más de medio siglo como nación independiente y había construido un sólido ejército. Sin embargo, la anexión de Texas acabó convirtiéndose en una de las causas de la guerra civil estadounidense (guerra de Sucesión). Aunque todavía era un estado nuevo, Texas se separó del resto de los estados esclavistas. Esta resultó ser la única guerra que los intrépidos tejanos no ganarían. Sin embargo, Texas se recuperó con relativa rapidez de la devastación de tantos combates, en gran parte debido a los numerosos y muy deseables recursos disponibles en su vasto territorio.

Texas es también el hogar de algunos de los criminales más infames del país y cuenta con algunos de los escenarios más notorios de la época del salvaje Oeste. Durante muchos años, Texas pareció ser inmune a la ley y el orden que caracterizaba a otras partes de la nación, y esa anarquía dio lugar a algunas de las figuras históricas más intrigantes del país.

Aunque siguió teniendo una economía basada en el algodón, la madera, el petróleo y la ganadería hasta la Segunda Guerra Mundial, todavía había un potencial sin explotar. Este potencial no pasaría desapercibido para los dirigentes estadounidenses cuando la Guerra Fría empezó a cambiar significativamente la relación entre Estados Unidos y otras naciones, especialmente la Unión Soviética. Houston se convirtió en una de las ciudades más conocidas de Texas cuando fue elegida para albergar el Centro de Naves Espaciales Tripuladas de la NASA. Esta instalación fue fundamental para el desarrollo temprano de la NASA y el programa espacial, especialmente cuando Estados Unidos y la URSS se enzarzaron en la carrera espacial.

En la actualidad, la economía de Texas se basa en una serie de industrias diferentes, especialmente el turismo. La extensa historia de este singular estado no deja lugar a dudas de por qué atrae tanta atención a nivel mundial. Millones de personas lo visitan cada año por diferentes motivos. Tanto si quieren ver Fort Worth y el Álamo, como visitar la moderna ciudad de Austin o asistir a un campamento espacial, existen un sinfín de cosas que ver y hacer en este vasto paisaje. Si Texas volviera a ser su propia nación, ocuparía el décimo lugar entre las economías internacionales del mundo.

Capítulo 1 - Antes de Colón

Gran parte de la historia de América que se enseña en las escuelas hoy en día se centra en cómo cambió la vida tras la llegada de los europeos. Cuando Colón tocó tierra por primera vez y los conquistadores empezaron a explorar el territorio, toda la tierra que ahora se conoce como Texas ya tenía una historia antigua llena de diversas y ricas culturas. Aunque gran parte de esta historia se perdió porque se conservó en gran parte a través de tradiciones orales (como las historias de Gilgamesh y otros relatos europeos anteriores al surgimiento de Roma), todavía existen muchas historias que han logrado sobrevivir a la explotación y el genocidio cometidos contra los pueblos indígenas de Norteamérica.

A menudo se agrupa a los nativos americanos como un grupo homogéneo y se les considera similares en cultura y religión. Esto es un error. Al igual que los pueblos de Europa no pueden ser agrupados en una sola categoría, pensar en todas las naciones indígenas de América como un monolito es una representación increíblemente inexacta de cómo era cualquiera de estos pueblos y culturas. América del Norte es mucho más grande que Europa; por lo tanto, había una mayor diversidad entre las naciones indígenas americanas que entre los países europeos durante los siglos XV y XVI. Con la diversidad de entornos en Texas, había una gran cantidad de tribus diferentes con una amplia gama de culturas que existieron durante siglos antes de que los españoles y portugueses comenzaran a explorar la tierra.

Ubicación de las principales tribus de nativos americanos en Texas
(Fuente: https://tshaonline.org/handbook/online/articles/bma33)

Los caddo y el origen del nombre "Texas"

Una de las tribus más notables que encontraron los españoles fueron los caddo. Fue de la lengua caddo de donde derivaría el nombre de la región. Cuando los españoles hablaban con los nativos, los caddo utilizaban el término "tashya", que significaba aliado o amigo. Los españoles acabarían deletreando la palabra "tejas" o "texas" (pronunciada tay-hass), que se cambiaría por Texas en inglés.

El pueblo caddo se asentó principalmente entre el río Rojo y el este de Texas, aunque originalmente vivían en una zona que abarcaba lo que hoy son los estados de Arkansas, Luisiana y Oklahoma. Sus hogares se extendían por una gran parte del noreste de Texas, y estaban divididos en veinticinco grupos. Estos grupos no solo compartían una lengua (caddo) y unas costumbres, sino que también se mantenían unidos por una gran confederación llamada alianza hasinai. Sus costumbres y tradiciones estaban muy arraigadas, y a la llegada de los españoles y posteriormente de los franceses, serían respetados tanto por su destreza militar como por sus habilidades artesanales.

Lo que más intrigaba a los españoles y franceses parecía ser lo hábiles que eran los caddo en el comercio. No diferenciaban entre los distintos grupos europeos (como los grupos europeos no diferenciaban entre las distintas tribus de nativos americanos). España y Francia acabaron luchando entre sí por las tierras de los caddo, y ambos querían a los caddo de su lado, lo que puso a los habitantes de la alianza hasinai en una posición precaria. Si bien establecieron el comercio con muchos otros pueblos nativos, este cortejo de los españoles y franceses significó que un mayor porcentaje de europeos y sus bienes fluyeran a través de las tierras Caddo. Las enfermedades europeas acabaron con el 95% de los caddo. Los restantes se trasladarían a lo que hoy es el condado de Caddo, Oklahoma.

Los feroces apaches

Tal vez la tribu más conocida de Texas eran los apaches, un pueblo indígena que se ganó la reputación de ser guerreros feroces y fieros que no estaban dispuestos a aceptar sin más a los europeos cuando llegaron. El término "apache" incluye muchas subnaciones, y los dos grupos más grandes de Texas son los lipanes y los mescaleros. El nombre por el que se les conoce hoy en día procede de la lengua zuni. En esa lengua, "apachu" significa enemigo. Otra posibilidad es que el nombre provenga de la palabra "Awa'tehe" de la lengua ute, aunque la mayoría de las fuentes citan la palabra zuni.

Los apaches se ganaron su reputación de fieros en la batalla en parte por sus habilidades a caballo. Fueron los primeros en adquirir y utilizar caballos de los españoles, y los caballos les permitieron viajar con mucha más rapidez y facilidad. Con la doma de los caballos, empezaron a llevar una vida más nómada que algunas de las otras tribus de la región, lo que a su vez les permitió ampliar su comercio y llegar al sur de los Estados Unidos. El uso de los caballos como parte de su vida habitual es lo que ha contribuido a que esta tribu sea un nombre tan conocido en la historia y la tradición de Estados Unidos. Comerciaban con tribus de tierras mucho más lejanas de lo que podían hacerlo sus vecinos, llegando a adquirir obsidiana y conchas de lugares tan lejanos como la costa del Pacífico.

La cultura y las estructuras sociales de los apaches estaban basadas en la familia. Los hombres eran siempre los líderes de las tribus, mientras que las mujeres daban forma al modo de vida tribal. Los hombres se mudaban con sus esposas después del matrimonio, convirtiéndose en miembros de la familia de la esposa, incluso si ella le precedía en la muerte. Cuando una mujer moría antes que su marido, su familia solía ayudar a encontrarle a su yerno una nueva esposa.

La caza del búfalo era una de las principales actividades de los hombres, y las tribus solían seguir los rebaños de búfalos. Hasta finales del siglo XVII, esto se hacía a pie, pero con la llegada de los caballos, los apaches podían viajar mucho más lejos tras su presa.

No siempre fueron los fieros guerreros que se presentaban. Cuando los españoles llegaron y quisieron construir misiones, los apaches acabaron aceptando ayudar. Los apaches lipanes ayudaron a construir las misiones y a cultivar la tierra, aunque ignoraron en gran medida los intentos de los misioneros de convertirlos al catolicismo romano. A cambio, los españoles ayudaron a proteger a los apaches lipanes de las tribus comanche y kiowa. Sin embargo, cuando los misioneros se dieron cuenta de que los nativos seguían practicando sus propias religiones, las tensiones entre los dos grupos comenzaron a crecer. Los misioneros empezaron a exigir más trabajo a los apaches y a insistir cada vez más en que se convirtieran al cristianismo. Al aumentar las exigencias, los apaches lipanes acabaron por tomar la decisión de abandonar la zona. Esta decisión se vio reforzada por la incapacidad de los misioneros de suministrar suficiente comida para satisfacer las necesidades de los apaches, teniendo en cuenta la cantidad de trabajo que se les exigía diariamente. En consecuencia, los apaches se marcharon y se extendieron hacia el oeste por Texas y México.

Los comanches

Los comanches tenían un imperio que se extendía por una gran franja de la actual Texas. Se cree que originalmente procedían de una región de Wyoming cercana al río Platte y que en su día formaron parte de los shoshones del este. No se sabe con certeza cuándo emigraron al sur, pero formaron su propia tribu y, con el tiempo, se hicieron con el control de una gran parte de la región de Texas. Eran una de las principales tribus del norte cuando llegaron los españoles. Los shoshones que querían marcharse solían unirse a los comanches, haciendo crecer la tribu con el tiempo.

Al igual que los apaches, la caza de bisontes era una parte importante de la vida de los comanches, y eran expertos en la caza. Los comanches eran más agresivos que muchas de las otras tribus locales, y se cree que impidieron que los españoles se expandieran más al norte. Al igual que los apaches, eran hábiles a caballo y conocían el extenso paisaje, lo que los hacía increíblemente difíciles de combatir. Los comanches tomaban cautivos, y lo que les ocurría variaba en gran medida en función del género y de la situación en la que se encontraban. Las mujeres solían ser incorporadas a la tribu y casadas con los guerreros. Muchos cautivos de ambos sexos solían ser esclavizados durante unos años, si no para el resto de sus vidas.

A diferencia de otras tribus de la región, los comanches no formaban una única nación o alianza. En su lugar, se dividían en grupos independientes que tenían la misma cultura y lengua. A veces luchaban entre ellos, pero se centraban sobre todo en atacar a sus vecinos. Mientras que los caddo, los apaches y otras tribus contaban con hábiles artesanos, los comanches preferían robar objetos artesanales en lugar de fabricarlos.

Los comanches resultaron ser la tribu más peligrosa para los estadounidenses que se asentaron en sus tierras o cerca de ellas. A diferencia de muchas otras tribus, los comanches no aceptaban tanto a los colonizadores que invadían sus tierras y luchaban constantemente para hacerlos retroceder hacia el este. Los comanches se ganaron sin duda su reputación de guerreros feroces, pero la razón de su ferocidad es comprensible. Los comanches nunca aceptaron que ninguno de los colonizadores europeos intentara reclamar sus tierras, y los estadounidenses fueron los primeros en tratar de robar sus tierras directamente y asentarse en ellas, lo que precipitó muchas batallas feroces. Al igual que los caddo, fue finalmente la llegada de las enfermedades europeas lo que diezmó su número. En la década de 1870, su número se había reducido a unos 7.000 habitantes, muchos de los cuales ya se encontraban en reservas, por lo que ya no podían luchar por sus tierras. Durante la década de 1870-1880, los comanches restantes fueron trasladados a reservas lejos de sus tierras tribales.

Capítulo 2 - Los primeros colonizadores: España y Francia

Cuando Colón llegó a las islas del Caribe en 1492, era solo cuestión de tiempo para que las naciones europeas fueran a explorar las "nuevas" tierras que consideraban sin dueño. Los españoles fueron los primeros en llegar a Texas, pero los franceses también exploraron la zona en los años siguientes. Las dos naciones acabarían luchando por quién tendría el control de este rico territorio. Se convirtió en uno de los muchos lugares donde las rivalidades imperiales europeas darían lugar a sangrientas batallas.

La lucha internacional entre España y Francia se desarrollaría a finales del siglo XVII. Aunque España había llegado mucho antes que Francia, esta reclamaba una porción mucho mayor del continente. Ambos consideraban que la tierra les pertenecía, aunque sus intereses en ella eran muy diferentes. Francia buscaba establecer asentamientos como lo había hecho Inglaterra a lo largo de la costa. España temía que Francia estuviera interesada en atacar la ciudad de México y llevarse el oro que los conquistadores españoles habían encontrado. La región del norte era un amortiguador que los mantenía a salvo. Cuando terminó la lucha entre las dos naciones, la mayor parte de América del Norte se había dividido entre ellas. Sin embargo, los países enfrentados no tuvieron en cuenta el creciente poder de Gran Bretaña.

El viaje inicial de España desde el golfo de México hasta el océano Pacífico

Los exploradores españoles vislumbraron por primera vez las tierras que forman parte de la actual Texas en 1519, cuando Alonso Álvarez de Pineda cartografió la costa. Pineda fue el primer europeo que exploró el golfo de México. Casi una década después, en 1528, Pánfilo de Narváez y Álvar Núñez Cabeza de Vaca partieron de España para realizar una exploración más intensa de las tierras más allá de la costa. Muchos de los exploradores iniciales de este viaje murieron. Cabeza de Vaca llegó a tierra con menos de noventa hombres en su barco, luego de naufragar cerca de lo que hoy se llama la isla de Galveston. En su barco viajaba Estevanico, un africano que había sido esclavizado. Se cree que Estevanico fue la primera persona de ascendencia africana directa que llegó a Norteamérica. La tribu Karankawa de la zona se apiadó de los náufragos españoles y les dio comida y refugio. A pesar de la ayuda de los nativos, solo quince de los ochenta hombres de de Vaca sobrevivieron al invierno.

Cabeza de Vaca y sus hombres restantes continuarían su búsqueda para conocer mejor la tierra, pasando ocho años moviéndose a través de la vasta zona de la región sur de América del Norte. No tomaron un camino recto, sino que siguieron una ruta algo tortuosa, primero hacia el sur antes de dirigirse casi directamente al norte. Él y su pequeño grupo se abrieron paso a través de la tierra en gran medida sin obstáculos por parte de los pueblos nativos, que no veían a un grupo tan pequeño como una amenaza. Trabajando como curandero y comerciante, de Vaca viajó a través de Texas, tratando de llegar a la ciudad de México. Durante su viaje inicial hacia el sur, de Vaca y sus hombres se encontraron con otros tres miembros de la expedición original que habían sido separados de ellos por el naufragio. Los tres hombres habían sido esclavizados por una de las tribus nativas, que se cree que eran los mariames. Cabeza de Vaca también fue capturado prisionero, y lo sería durante varios años.

Cabeza de Vaca y sus tres hombres escaparon finalmente de los mariames unos seis años después de iniciada su expedición, aunque las fechas exactas no son seguras. Los hombres escaparon individualmente, pero se reunieron después de su fuga. Los españoles se encontraron con la tribu de los avavares cuando intentaban salir de la región, y los avavares los acogieron y ayudaron a recuperarse. Los cuatro hombres tardaron ocho meses en recuperar la salud debido a su periodo de esclavitud y escape.

Una vez que pudieron viajar, de Vaca y sus hombres atravesaron el oeste hasta acercarse al océano Pacífico. Al llegar a la costa, se dirigieron al sur. La ciudad de México ya estaba bien establecida, y sabía que si lograba llegar hasta allí, él y sus hombres podrían regresar a España con seguridad. Tardaron unos dos años en llegar a su destino después de su huida. Tras llegar a Ciudad de México, los exploradores españoles no tardaron en correr la voz de que había más riquezas en el norte.

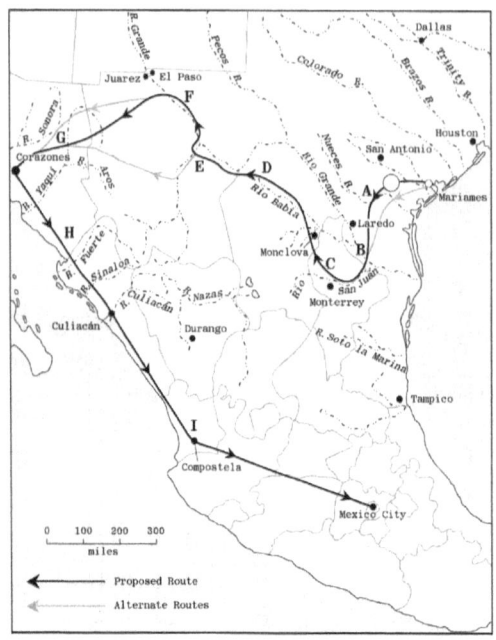

Map 4: Overview of the Transcontinental Journey

Mapa de la exploración española

(Fuente: https://www.thestoryoftexas.com/discover/campfire-stories/conquistadors)

Los rumores de más riquezas hicieron creer a los españoles que podrían beneficiarse saqueando América del Norte como lo habían hecho con América Central y del Sur. Tardarían unos setenta años en darse cuenta de que de Vaca y sus hombres se habían equivocado mucho sobre el tipo de riquezas que se podían encontrar en el norte.

Una búsqueda errónea de oro

Como sabemos hoy en día, existe oro en América del Norte, pero no en las cantidades que había en América Central y del Sur. Basándose en los rumores difundidos por de Vaca y sus hombres, España enviaba continuamente exploradores al norte a la caza de estas riquezas. Al principio, creyeron los rumores debido al éxito de Francisco Vásquez de Coronado en el actual Nuevo México.

Basándose en esos rumores, Coronado marchó al norte con más de 1.000 hombres en 1540. Tardaron unos dos meses y medio en llegar a algo prometedor, el pueblo Hawikuh Zuni. Las calles no estaban llenas de oro como esperaba la expedición de Coronado, pero decidió reclamar la ciudad de piedra arenisca y adobe para España de todos modos. Tras leer el *Requerimiento* a los zunis, esperaba que se sometieran al dominio español y se convirtieran al cristianismo. Naturalmente, los zunis reaccionaron disparando flechas a los invasores. Los bárbaros españoles entraron en la ciudad y masacraron a la mayoría de las 500 personas que la habitaban.

Envalentonado por la brutal e injustificada masacre, Coronado se sintió seguro de que encontrarían el éxito si seguían marchando y masacrando a todos los pueblos nativos que se interponían entre ellos y las riquezas. Se dirigieron al este, hacia el reino de Quivira, creyendo que la riqueza no estaba lejos de su alcance. Por supuesto, después de cruzar el panhandle de Texas, Coronado no encontró absolutamente nada de lo que esperaba.

Aunque enseñó con éxito a los pueblos nativos los peligros de los europeos, la expedición de Coronado había sido un absoluto fracaso en todos los demás aspectos. Cuando regresó a casa con menos de lo que tenía cuando salió de la ciudad de México, otros se sintieron menos inclinados a viajar al norte, ya que estaba claro que no encontrarían fácilmente el oro que querían.

Irónicamente, cuando Coronado regresaba a Ciudad de México con las manos vacías, Luis de Moscoso de Alvarado se topó accidentalmente con la actual Texas por el lado oriental. Hernando de Soto y sus hombres, incluido Alvarado, habían explorado Florida en busca del mismo oro que, sencillamente, nunca encontrarían en la región. De Soto murió de una enfermedad durante la primavera de 1542, lo que dejó a Alvarado con menos ganas de continuar la caza de riquezas, y marchó en su lugar a la Ciudad de México. En su camino hacia el oeste, asaltaron y saquearon al pueblo caddo, enseñando a los nativos del otro extremo del estado la brutalidad y los métodos incivilizados utilizados por los europeos para conseguir lo que querían. Para librarse de los despiadados españoles, uno de los jefes caddo hizo que sus hombres guiaran a Alvarado a una región con muchos menos recursos. Cuando Alvarado se dio cuenta de lo que había hecho, mandó matar a los guías. El español se dirigió por el río Misisipi hacia el golfo de México, llegando a México en el otoño de 1542. Su llegada confirmó lo que Coronado ya había descubierto a principios de año: no había riquezas al norte.

Tras la doble advertencia de que no había riquezas, la única razón por la que los españoles se dirigieron al norte durante los siguientes setenta años fue para recuperar a los hombres que habían desaparecido. Estos exploradores aceptaron la ayuda de los nativos que estaban dispuestos a ayudarles, especialmente los jumanos. Antonio de Espejo dirigió una de estas expediciones para encontrar a los hombres desaparecidos, y adoptó un enfoque mucho más erudito en el emprendimiento. Documentó el viaje, detallando los diferentes paisajes y tribus que encontraron. Los jumanos le proporcionaron muchos de los detalles de su diario. Sin embargo, según los hallazgos de Espejo, los españoles de México no tenían ningún deseo de seguir explorando porque solo les interesaba la riqueza.

No fue hasta 1598 cuando los españoles se decidieron de nuevo a hacer algo en las regiones del norte. A Juan de Oñate se le encargó establecer un asentamiento en lo que actualmente es Nuevo México. Todavía albergaba la esperanza de hacerse rico y se sintió decepcionado cuando también descubrió que no había oro ni plata en ninguna de las tierras que visitó. Reclamó para España la actual región de El Paso, pero no se quedó a colonizar como le habían ordenado. Lo que sí encontró Oñate fue una ruta comercial bien establecida por los pueblos nativos, y España comenzaría a utilizarla para conseguir los suministros que no tenía en la ciudad de México. Aparte del comercio, España hizo muy poco con las regiones del norte que habían reclamado. En ese momento, creían que las tierras eran suyas y que no había razón para seguir presionando su reclamo porque ninguna otra nación europea parecía interesada en ellas.

Francia busca establecerse a lo largo del río Misisipi

Francia había estado explorando Norteamérica durante el siglo XVII, buscando algo muy diferente a lo que deseaban los españoles. Al igual que los británicos, los franceses esperaban enriquecerse con lo que pudieran producir en la región, no con lo que pudieran saquear de las ciudades. En 1685, Francia hizo finalmente un movimiento del que los españoles tomaron nota: intentaron establecerse a lo largo del río Misisipi. En ese momento, los españoles habían reclamado gran parte del territorio entre Florida y Texas, por lo que vieron esto como un movimiento en su contra, sobre todo porque dividiría el contacto español con Florida.

René Robert Cavalier, Sieur de la Salle abandonó Francia en 1684 para establecer un nuevo asentamiento. Inglaterra tenía asentamientos en el "nuevo mundo", así que Francia quería reclamar algunas de las regiones fértiles del sur. El explorador y su tripulación se las arreglaron para no pasar por el río Misisipi, desembarcando en una región que hoy forma parte de Texas, una región que los españoles creían definitivamente suya en 1685. España sabía que los franceses venían y se molestó cuando los colonos franceses desembarcaron en su territorio. A partir de 1686, los españoles enviaron exploradores a Texas y seguirían enviando un total de nueve expediciones hasta 1691 para encontrar el lugar donde se habían asentado los franceses. Solo encontraron unos pocos colonos supervivientes, y muchos de los franceses regresaron a la ciudad de México tras abandonar el asentamiento.

Francia no volvería a intentar colonizar la región hasta 1699. Esta vez, los asentamientos tuvieron éxito, y Francia consiguió colonizar varias zonas entre la costa oriental de Tejas y lo que hoy es la actual Nueva Orleans. Para entonces, España ya había renunciado a intentar asentar las regiones debido a una serie de desgracias, como las inundaciones y la agresión de los nativos americanos contra ellos.

Capítulo 3 - Los colonos españoles reclaman la región

Los misioneros españoles y otras figuras religiosas se habían trasladado a las regiones del norte de América, incluyendo partes de Texas, y consiguieron establecer relaciones amistosas con los nativos, incluido el pueblo caddo que había dado nombre a la región. Durante unos cientos de años, ellos y los soldados serían los únicos ciudadanos españoles que se enfrentarían a la región. Sin embargo, la relación se agrió rápidamente, ya que los españoles dieron a los pueblos nativos muchas razones para desconfiar de ellos, como los trabajos forzados, el engaño en los acuerdos comerciales y otras acciones que los conquistadores se hicieron famosos por cometer contra los pueblos nativos de América. Los pueblos nativos también se habían dado cuenta de la falta de higiene de los europeos y de la cantidad de plagas y enfermedades que parecían seguirles, matando a los indígenas que no tenían inmunidad a las enfermedades europeas. La relación entre los monjes y los soldados tampoco era especialmente buena. Cada uno tenía sus propias reglas: un grupo seguía las reglas del gobierno español y el otro las de la iglesia.

Tribus como los apaches acabarían marchándose, pero los españoles se habían establecido en varias partes de Texas. Como Francia e Inglaterra tenían crecientes asentamientos en el continente, estas regiones tejanas se volvieron más importantes para España porque proporcionaban protección a los asentamientos españoles más grandes en las regiones de América Central y del Sur. Después de expulsar con éxito a los franceses de la región, España quería asegurarse de no perder ninguna tierra a manos de otros imperios. Los españoles fundaron entonces San Antonio en 1718 para disuadir a otras naciones europeas de avanzar hacia el oeste.

El primer gobernador y los asentamientos orientales

Aunque la mayoría de los exploradores españoles no tenían mucho interés en la región al norte de la ciudad de México, los miembros españoles de la Iglesia católica romana vieron el potencial. A principios de 1700, la Corona española se había dado cuenta de la amenaza que suponían los franceses y, para disuadirlos de intentar asentarse en las tierras que los españoles habían reclamado, la Corona española decidió designar un gobernador de la región. El primero en ser nombrado para el cargo fue el general Domingo Terán de los Ríos. Se le encargó la administración de Coahuila, Texas y sus alrededores. Se centró en establecer asentamientos al este, cerca de la zona donde los franceses habían intentado construir su primer asentamiento. Los monjes de la orden franciscana se trasladaron primero al este con los soldados españoles para ayudar a establecer estos asentamientos. Los soldados debían proteger el asentamiento y vigilar la tierra, mientras que los sacerdotes franciscanos construirían misiones y convertirían a las poblaciones locales del este. Se formaron nuevas misiones cerca del río Grande y luego en el oeste de Texas, ya que los asentamientos demostraron ser beneficiosos, si no enriquecedores, para España.

Los asentamientos se llamaban presidios y estaban fortificados para garantizar la seguridad de los colonos. En ellos vivían principalmente los soldados y otros colonos, y las murallas proporcionaban un lugar para las necesidades seculares, como hacer cumplir las leyes y alojar a los soldados. Los franciscanos tenían sus propios establecimientos en las misiones que construían. Tanto las misiones como los presidios se construían en la misma zona, y funcionaban juntos (de forma similar a como las iglesias, los juzgados y otros edificios gubernamentales eran a menudo los edificios centrales de las nuevas ciudades en los asentamientos americanos unos 100 años después).

Los franciscanos no estaban obligados a seguir las leyes de los soldados y otros civiles. Tenían sus propias leyes basadas en la Iglesia católica romana, que estaban por encima de las leyes de los no clérigos. Esto provocó tensiones entre las misiones y los presidios, sobre todo porque los franciscanos solían denunciar los abusos que sus compatriotas cometían contra los pueblos nativos. Los abusos de los españoles seculares iban en contra de las enseñanzas de los sacerdotes y dificultaban considerablemente sus intentos de convertir a los nativos. Los colonos seculares estaban resentidos por el hecho de que los franciscanos no tuvieran que seguir sus leyes. También les molestaba la frecuencia con la que los franciscanos se oponían a sus intentos de gobernar a los pueblos nativos. Técnicamente, los recién convertidos formaban parte de las misiones, no de los presidios. Esto iba en contra de todo lo que los españoles habían hecho desde su llegada al Nuevo Mundo, y creían que los religiosos estaban socavando sus esfuerzos por controlar a la población.

La monarquía española no intercedió en estas disputas porque no tenía los mismos objetivos ni intereses que los colonos. Para el gobierno español, los asentamientos eran simplemente un amortiguador contra cualquier invasión de sus tierras que pudiera resultar en la pérdida del oro que aún buscaban en las tierras más al sur.

Los primeros asentamientos

Los franciscanos decidieron en gran medida dónde se construirían los asentamientos porque estaban interesados principalmente en ocupar las tierras. Veían a los nativos como potenciales conversos, lo cual era para ellos una forma de riqueza mucho mayor que el oro. Los primeros asentamientos exitosos durante la década de 1680 fueron los de San Angelo, El Paso y Presidio, todos ellos en la zona que actualmente es Nuevo México. A continuación, cuando empezaron a trabajar para crear la zona de amortiguación en la parte oriental de la región, se establecieron las primeras ciudades reales de Texas. La primera fue en lo que hoy es San Antonio. También establecieron un asentamiento en una zona que había sido abandonada por los caddo, un lugar llamado Nacogdoches. Las misiones comenzaron a tratar de integrarse con las poblaciones nativas, sobre todo con los apaches. Sin embargo, ninguna de estas misiones duró mucho tiempo, y los pueblos nativos no solían ser sinceros en su conversión. Su interés radicaba más en cómo los españoles podían protegerles de las tribus agresivas que en renunciar a sus deidades y religiones.

Aunque muchos de los asentamientos no duraron, los edificios que se hicieron durante esta época fueron increíblemente duraderos. Entre los edificios más famosos construidos durante el período de los asentamientos misioneros españoles estaba el Álamo. Sin embargo, estos asentamientos no se hicieron para proteger, sino para que fueran lugares convenientes para las reuniones y para que los misioneros trabajaran con los pueblos nativos. Estos asentamientos eran en gran medida abiertos y acogedores, aunque se añadieron algunas fortificaciones militares, ya que también había soldados. Las fortificaciones se hicieron para proteger a los españoles y a sus aliados nativos contra otras tribus nativas hostiles. Teniendo en cuenta que estas tribus utilizaban armas menos avanzadas, los asentamientos no necesitaban el tipo de protección robusta que las regiones cercanas a otros colonos europeos.

Preocupación creciente tras la compra de Luisiana

España y sus colonias pensaban que tenían un buen colchón establecido contra los franceses. Después de todo, los franceses no tenían muchos asentamientos en la región y era fácil asegurarse de que no invadieran las tierras españolas. En 1803, España se preocupó mucho por el futuro de su territorio en Norteamérica cuando los franceses vendieron un gran porcentaje de las tierras reclamadas por Francia a los jóvenes Estados Unidos. De repente, había una amenaza mucho mayor y más inmediata sobre el territorio español. Los estadounidenses no solo estaban mucho más cerca, sino que eran más numerosos en el continente. Era solo cuestión de tiempo que los colonos estadounidenses se desplazaran hacia el oeste para explorar su nueva adquisición a los franceses. No había ninguna garantía de que los colonos supieran qué tierras eran suyas y cuáles pertenecían a España.

Quizás lo más preocupante era el hecho de que la región de Texas nunca había estado bien definida. Inicialmente, España y Estados Unidos trataron de evitar problemas estableciendo una zona neutral de cincuenta millas de ancho. A pesar de este esfuerzo por mantener la paz, las tensiones no se redujeron. España tenía motivos para estar preocupada debido a la creciente creencia de los estadounidenses en el Destino manifiesto. Después de que la joven nación adquiriera una región tan extensa, empezó a creer que su destino divino era gobernar toda la tierra entre los océanos Atlántico y Pacífico. Al principio, esta idea no estaba bien formada porque los estadounidenses no tenían ningún conocimiento de esas tierras. Sin embargo, a medida que los estadounidenses exploraban y conocían más, crecía la creencia, aunque infundada, de que estaban destinados a incorporar la mayor parte de Norteamérica a su nación. Esto significaba obtener las tierras controladas por España.

Irónicamente, España trataría de resolver su problema invitando a los estadounidenses a establecerse en su territorio. Los estadounidenses acabarían siendo menos problema para España de lo que había previsto, ya que fueron los colonos españoles los que finalmente se rebelarían contra ellos. Solo siete años después de la compra de Luisiana, comenzó la guerra de la Independencia de México. España perdió interés en las acciones de los colonos estadounidenses en Texas porque podía perder mucho más si su gente en México se rebelaba. Texas siempre se había considerado simplemente una zona de amortiguación para proteger las tierras que ahora reclamaban la independencia de España. A partir de 1810, la principal preocupación de España sería conservar sus colonias en lugar de frenar la avalancha de colonos estadounidenses, a los que invitaría a entrar en la región en pocos años mientras se prolongaba la guerra de la Independencia de México.

Capítulo 4 - Los estadounidenses se asientan

Al darse cuenta de que no podían colonizar todas sus nuevas tierras, los españoles decidieron que la mejor manera de aprovecharlas era invitar a los estadounidenses a que vinieran a establecerse. A estas alturas, los estadounidenses llevaban varios siglos sacando provecho de la tierra en Norteamérica, algo que los españoles no habían intentado realmente. A partir de 1820, España invitó a sus vecinos del norte a establecerse, con algunas estipulaciones. Esta invitación se hizo a pesar de la agitación política de la zona: el control español sobre México era, en el mejor de los casos, precario.

Cuando terminó la guerra de la Independencia de México, el nuevo gobierno mexicano tuvo que decidir si cumplía con la invitación que había hecho España. Los estadounidenses que habían llegado a un acuerdo con España debían también llegar a un acuerdo similar con el nuevo gobierno mexicano antes de poder establecerse. Esto se complicó con la llegada de estadounidenses a Texas antes del final de la guerra. Finalmente, México permitiría a los colonos quedarse y seguiría permitiendo la entrada de nuevos colonos en la región si cumplían condiciones similares a las establecidas por España.

Asentamientos exitosos antes de las colonias estadounidenses

A pesar de los numerosos intentos de los misioneros y soldados españoles por crear zonas viables para vivir, en 1820 solo había tres asentamientos establecidos en Texas: La bahía del Espíritu Santo (que luego se convertiría en Goliad), Nacogdoches y San Antonio de Bexar. Estos asentamientos eran pequeñas ciudades que contaban con algunos ranchos que salpicaban el área alrededor.

Una de las principales razones por las que fracasaron tantos otros intentos fue la creciente hostilidad de comanches y kiowas, a quienes no les gustaba que los españoles invadieran su territorio. A diferencia de los caddo y los apaches, los comanches y los kiowas no veían ningún beneficio en permitir que los españoles se asentaran en tierras que sus tribus habían ocupado durante generaciones, especialmente porque los españoles habían dejado claro que se consideraban superiores. A pesar de esta creencia española de superioridad, los nativos americanos fueron capaces de destruir fácilmente o acelerar el fracaso de varios asentamientos.

Las leyes religiosas que habían regido cuando se establecieron los tres asentamientos exitosos se abandonaron en gran medida en esta época, y la misión de Nacogdoches se cerró antes de finalizar el siglo XVIII. A medida que los asentamientos se volvían más seculares, había cada vez más razones para permitir que otros asumieran la increíblemente difícil tarea de crear asentamientos en tierras nativas. España estaba más acostumbrada a apoderarse de zonas asentadas, no a crear refugios seguros en terreno abierto. Los americanos ya habían demostrado ser muy hábiles en convertir tierras "indómitas" en ciudades rentables. España esperaba beneficiarse de este ingenio sin tener que hacer mucho más que ofrecer tierras a los americanos.

Condiciones para establecerse en Texas

Aunque los españoles se habían posicionado para impedir la entrada de países europeos en sus tierras, adoptaron un enfoque diferente con sus vecinos del norte. Durante los últimos años del siglo XVIII, España había invitado a los americanos a establecerse en sus tierras cerca de la Alta Luisiana. Utilizando la oferta que habían hecho durante ese tiempo como modelo, España intentó atraer a los estadounidenses más al oeste. A cambio de tierras en Texas, los americanos tendrían que aceptar tres requisitos.

España había sido durante mucho tiempo partidaria de la Iglesia católica romana, mientras que la mayor parte de Estados Unidos era protestante. Se consideraban incompatibles, por lo que una de las estipulaciones más importantes que hicieron los españoles fue que cualquier estadounidense que se asentara en sus tierras se convirtiera al catolicismo romano. Casi tan importante fue la segunda estipulación, que los colonos estadounidenses fueran leales a España, no a Estados Unidos. Esto significaba que tendrían que renunciar a su ciudadanía estadounidense y convertirse en ciudadanos españoles. Sin embargo, los colonos estadounidenses no tendrían los mismos derechos que los ciudadanos españoles de nacimiento. Esta desigualdad no era obvia, y si los colonos se dieron cuenta, probablemente decidieron que no importaría mucho ya que vivirían lejos de los grandes asentamientos españoles. Para proteger su inversión, España también insistió en que los colonos estadounidenses comerciaran principalmente con ellos en lugar de con Estados Unidos. Era un riesgo calculado que los españoles esperaban que impulsara su economía, especialmente durante la guerra por la Independencia de México.

Los empresarios (como se llamaba a los potenciales colonos) podían solicitar una subvención a España y, si se aprobaba, podrían establecer sus asentamientos. Los empresarios serían responsables de las personas que se asentaran bajo su acuerdo, una estipulación que

México también adoptaría cuando más tarde hiciera acuerdos con los empresarios.

Los norteamericanos aceptaron de buen grado las condiciones a cambio de tierras baratas. El coste de la tierra en EE. UU. era de 1,25 dólares por acre, y debían comprar al menos ochenta acres por un total de 100 dólares. España ofrecía a la cabeza de familia (sea hombre o mujer) 4.605 acres por solo 184 dólares, que podían pagarse en un periodo de seis años en lugar de hacerlo de una sola vez. Esto atrajo la atención de decenas de estadounidenses que buscaban hacer su propia fortuna.

Otra razón por la que muchos estadounidenses estaban dispuestos a trasladarse era que esperaban que Estados Unidos acabara comprando la región a España. En esta época, el Destino manifiesto era una creencia compartida por muchos estadounidenses, aunque ni España ni México entenderían que esta creencia también se aplicaba a ellos y no solo a los pueblos nativos. Si los españoles se hubieran dado cuenta de que los estadounidenses esperaban apoderarse de toda la región, probablemente habrían adoptado la misma postura protectora contra los estadounidenses que contra los franceses, en lugar de invitar abiertamente a los estadounidenses a las tierras del norte de México.

Por último, había estadounidenses que huían de la ley y de la deportación, el más notable de los cuales era la familia Austin. Aunque el padre de Stephen Austin, Moses Austin, había negociado un acuerdo con España para asentar a 300 personas en Texas, murió antes de que los colonos llegaran a su destino. A Stephen le correspondió hacer un nuevo acuerdo con México para los colonos. Renegoció para el grupo, pero no se mencionó nada sobre los criminales y los deudores. Sin un acuerdo entre EE. UU. y México para extraditar a los delincuentes, Texas podía ser un refugio para muchas personas que tenían problemas financieros y habían optado por trasladarse al oeste para evitar a los cobradores de deudas y la ley.

Un cambio de gobierno

México consiguió su independencia en 1821. Entre las muchas cosas que necesitaban establecer estaba cómo tratar con los estadounidenses que habían hecho acuerdos con España para colonizar Texas. Aunque esos acuerdos eran ahora nulos porque España ya no tenía ningún poder en la región, varios empresarios (el más conocido de ellos era Stephen Austin) planeaban trasladar a cientos de estadounidenses a la región.

México aceptó renegociar los términos de los acuerdos, manteniendo en gran medida las cosas igual. Una diferencia notable era que los colonos solo tenían que profesar que eran cristianos, no específicamente católicos romanos. La religión predominante en México era la católica, y probablemente se daba a entender que los colonos debían hacerse católicos. Sin embargo, evitaron especificar que los colonos tuvieran que convertirse. Además, dejaron claro que la religión de los colonos no era una preocupación primordial: ni siquiera proporcionaron un sacerdote para ninguno de los asentamientos hasta 1831. Esto significaba que muchos de los estadounidenses no podían realizar las ceremonias religiosas básicas. Sobre todo, no podían casarse sin la presencia de un sacerdote. Muchos recurrieron a establecer vínculos matrimoniales y luego hacerlos oficiales cuando el sacerdote finalmente llegara.

Aunque Austin fue el primer empresario, México llegaría a acuerdos individuales con una treintena de empresarios, lo que supuso la llegada de unas 9.000 familias. Inicialmente, Austin solo tenía 300 colonos. Cada empresario tenía su propio acuerdo con un número determinado de personas que podía traer a la región. Así era como México intentaba controlar el número de estadounidenses que se instalaban en sus tierras. Todos los contratos definían claramente dónde se permitía a los colonos establecer sus nuevos hogares y cuánta tierra podía tener cada familia. Los empresarios siempre recibían más que la gente que venía con ellos, pero, con tanta tierra disponible, los colonos solían aceptar la disparidad en el reparto de tierras. Todos los contratos tenían una duración de seis años, durante los cuales los colonos debían pagar por sus tierras. Los pagos solían basarse en lo que ganaban con la tierra. El último acuerdo contractual fue con la colonia Mercer, firmado en enero de 1844.

El tema del manejo de esclavos

La esclavitud había sido una de las principales razones del éxito de los granjeros y las plantaciones de Estados Unidos. Tanto España como México sabían que los estadounidenses no vendrían sin esclavos para impulsar sus asentamientos. Aunque tanto España como México no querían la esclavitud en sus tierras, estaban dispuestos a permitir que los primeros colonos trajeran esclavos para que los estadounidenses tuvieran éxito financiero. A su vez, México esperaba beneficiarse económicamente.

No se permitía la venta de esclavos en Texas, pero al principio se permitía a los colonos traer los esclavos que ya poseían. Una vez en Texas, los colonos podían comprar y vender o intercambiar esclavos entre ellos, aunque no se permitía traer nuevos esclavos específicamente para venderlos. Este acuerdo se mantuvo hasta 1840. Sin embargo, algunos funcionarios señalaron su falta de voluntad para permitir que la esclavitud continuara durante mucho tiempo en los asentamientos. Ya en 1827 se insinuó que se pondría fin a la práctica de la esclavitud y que los esclavos se emanciparían en algún momento. En respuesta, los propietarios de esclavos establecieron contratos de servidumbre con sus esclavos analfabetos que los ataban a ellos durante noventa y nueve años, impidiendo esencialmente que México pudiera emanciparlos.

Los funcionarios mexicanos no estaban contentos con esta medida, pero no hicieron nada para detenerla. La medida más contundente para frenar la esclavitud en Texas fue la del presidente Vicente Ramón Guerrero, que declaró la emancipación en septiembre de 1829. Varios de los empresarios se desplazaron rápidamente a la ciudad de México para intentar conseguir una exención de la emancipación.

La cuestión de la esclavitud sería un punto de disputa entre los colonos estadounidenses y México, tanto como lo fue entre los estados del norte y del sur de Estados Unidos.

Stephen Austin y la formación de los Rangers de Texas

Como primer empresario, Austin tenía mucha más autonomía y control que los empresarios posteriores. Sus negociaciones con México a menudo se implementaban a través de otros asentamientos. Con poco o ningún apoyo de México, Austin era responsable de los que querían inmigrar a la tierra que México le había permitido colonizar. El gobierno mexicano no quería que demasiados extranjeros poblaran sus tierras, pero tampoco tenía la capacidad de proporcionar ninguna asistencia legal o protección a las personas que llegaban. La carga de crear y hacer cumplir la ley y el orden y de distribuir las tierras, así como de crear toda la infraestructura social del asentamiento —como caminos, escuelas, graneros y aserraderos— recayó en Austin.

Sin embargo, quizá el trabajo más difícil que tuvo Austin fue tratar con el gobierno mexicano. México no podía ayudar a los colonos, pero aun así esperaba que estos siguieran las leyes mexicanas. Esto incluía la prohibición de los esclavos, a la que los colonos estadounidenses se negaban a renunciar. A pesar del deseo de mantener a todas las personas marginalmente libres en México, Austin negoció para que los estadounidenses pudieran conservar sus esclavos después de que el gobierno mexicano prohibiera la institución en 1829.

Con los delincuentes que llegaban a la zona para escapar de las leyes de Estados Unidos y los nativos americanos que luchaban por mantener a los colonos fuera de sus tierras, Austin decidió que necesitaba formar un grupo que pudiera proteger a los colonos y al mismo tiempo hacer cumplir la ley. Mientras Austin estaba en la Ciudad de México trabajando para salvaguardar los derechos de los colonos, uno de sus tenientes, Moses Morrison, formó una milicia para proteger a los colonos. La milicia estaba formada por diez hombres que juraron estar a la altura de las circunstancias cuando fuera necesario. Morrison reunió este pequeño contingente para ir a la costa de Texas, donde las tribus Karankawa y Tonkawa atacaban continuamente a los colonos.

Cuando Austin regresó de México, duplicó el número de hombres a veinte, todos ellos voluntarios pagados. A cada voluntario se le ofrecían quince dólares al mes, aunque el pago solía ser en tierras en lugar de dinero. En los primeros días, los hombres eran llamados para una variedad de necesidades diferentes, y la milicia no era permanente. Cuando no se necesitaban sus servicios, los voluntarios se disolvían para poder atender a sus familias. Los primeros voluntarios consistían en una gama muy diversa de individuos, incluyendo hispanos, anglosajones y nativos americanos. Los talentos combinados de estos individuos formaron una milicia voluntaria muy eficaz. Estos veinte hombres serían los primeros miembros de la organización que llegaría a ser conocida como los Texas Rangers.

Capítulo 5 - Aumento de las tensiones entre México y los asentamientos

El resentimiento entre los colonos estadounidenses y el gobierno mexicano creció rápidamente tras el establecimiento de los asentamientos. Los colonos no estaban satisfechos con los acuerdos que habían hecho con México, en particular con la estipulación de que eventualmente tendrían que renunciar a sus esclavos. México comenzó a resentirse por el hecho de que muchos de los colonos estadounidenses estaban ignorando por completo los acuerdos a los que habían llegado. Los empresarios no estaban controlando el flujo de inmigrantes en la región y, en consecuencia, México estaba perdiendo el control de grandes extensiones de tierra de Texas.

La expectativa de que los estadounidenses estarían agradecidos por la tierra y aceptarían vivir bajo las leyes mexicanas resultó ser un grave error de cálculo. Cuanto más control intentaba ejercer México sobre sus territorios, más se resentían los estadounidenses. Al fin y al cabo, los estadounidenses habían establecido su propia forma de vida en gran medida sin la ayuda de México. Los Texas Rangers se habían formado para proteger a los colonos estadounidenses porque el gobierno mexicano no podía disponer de los hombres necesarios para protegerlos, y los estadounidenses de la región se habían acostumbrado a hacer cumplir sus propias leyes. La idea de que México esperara que cumplieran sus acuerdos les parecía incomprensible a los estadounidenses, que hicieron caso omiso de los pocos requisitos que se les exigían a cambio de una nueva vida y muchas tierras.

Los efectos de la guerra de Independencia de México

Tras conseguir su independencia de España, México esperaba que los colonos pudieran convertir las tierras en algo rentable. Al igual que los españoles antes que ellos, los mexicanos no querían extender a los colonos los mismos derechos de los que disfrutaban sus nativos. Los estadounidenses se consideraban inferiores a los gobernantes, que eran en su mayoría antiguos españoles ricos. Como ambas partes se consideraban personas inferiores, era solo cuestión de tiempo que estas opiniones causaran problemas más graves.

México había conseguido su independencia a un precio muy elevado, tanto en vidas como en recursos, y el nuevo país se enfrentaba a una grave devastación financiera cuando la guerra terminó en 1821. Las minas que habían producido una cantidad considerable de dinero bajo el control español no eran tan eficientes bajo el nuevo gobierno. La producción de alimentos también se redujo significativamente, ya que los mexicanos buscaban ganar más dinero a través de otras actividades. El desempleo era otro problema importante; no había suficiente dinero en circulación para pagar a los trabajadores, lo que llevó a la gente a emigrar con la esperanza de encontrar trabajo y sustento. Los disturbios y otros problemas graves se vieron agravados por la gran disparidad de clases dentro del incipiente país.

Los asentamientos se habían acostumbrado al enfoque de laisse faire que el pueblo mexicano adoptaba hacia ellos. Por supuesto, México no podía proporcionar mucho apoyo, pero también significaba que no interfería en la forma en que se administraban los asentamientos. Los empresarios eran prácticamente sus líderes gubernamentales, o al menos así lo veían ellos. Sin embargo, una vez formado el gobierno mexicano, esperaba que los colonos comenzaran a atender sus demandas. Esta diversa visión del papel del gobierno mexicano en la vida de los colonos se complicó aún más por el tipo de personas que se convirtieron en los líderes del nuevo gobierno mexicano. Los que ascendieron a la dirección del gobierno mexicano tenían muy poca experiencia en el gobierno; no estaban preparados para hacer frente a los crecientes problemas. Esto hizo que los ricos, las figuras religiosas y los líderes militares asumieran papeles más prominentes para mantener la estructura de clases que había existido bajo el dominio español. Aunque habían querido liberarse de España, la mayoría de los integrantes de estos tres grupos sociales no querían la igualdad. Al asegurar que el orden anterior continuara en el nuevo país, la alta burguesía, los funcionarios de la iglesia y los líderes militares tendrían el mismo control sobre la dirección del gobierno, mucho más de lo que habrían disfrutado si España hubiera seguido controlando la región. Para todas las partes poderosas de México, los colonos estadounidenses parecían ser una solución perfecta para algunos de sus problemas: ayudarían a mejorar la situación financiera de México al tiempo que protegerían al país de una mayor expansión estadounidense.

Los colonos llevaban mucho tiempo lidiando con un problema que no tenían los antiguos ciudadanos españoles: habían sobrevivido en medio de los constantes ataques de los pueblos nativos del norte. Las tierras estaban pobladas por nativos americanos que no veían con buenos ojos a los invasores y no reconocían a México como dueño de sus tierras ancestrales (al igual que no habían reconocido el robo de estas tierras por parte de España). México tenía demasiados problemas con los que lidiar para sofocar la amenaza que suponían los pueblos nativos. Dejando que los colonos se enfrentaran a los nativos americanos, México no tendría que preocuparse de ser atacado por esos grupos. Ya tenían bastantes problemas en la Ciudad de México, ya que diferentes facciones intentaban hacerse con el control del gobierno, como para enfrentarse a los problemas que planteaban las regiones del norte. Esencialmente, México esperaba que los colonos distrajeran a la población nativa, convirtiendo a los pueblos nativos en un problema estadounidense. Mientras los colonos masacraban a los nativos contra los que México no podía luchar, los mexicanos pensaron de alguna manera que podrían controlar mejor a los estadounidenses que a los nativos. Esto no tardaría en demostrar que no es cierto.

En 1824, México aprobó una ley de colonización nacional, que pretendía sustituir a la antigua ley de colonización imperial, y cambió la forma en que se poblaría y gobernaría el territorio mexicano. En lugar de tratar con el gobierno mexicano directamente, las personas que quisieran establecer nuevos contratos para establecerse en el territorio tendrían que acudir a las legislaturas estatales. Muchos de los estados esperaban poder tener un mayor control sobre sí mismos e intentaron imitar la forma en que los estados de EE. UU. se autogobernaban en gran medida, con una interferencia mínima del gobierno federal. Aunque la Constitución Federal de los Estados Unidos Mexicanos de 1824 se inspiró en gran medida en la Constitución de los Estados Unidos de América, también incluyó algunos de los principios que se habían redactado en la Constitución española de 1812. Este cambio resultaría significativo, ya que los estados estaban mejor capacitados para controlar a los colonos que el gobierno federal mexicano. También se interesaron más por quiénes colonizaban sus tierras.

Dos de los principales estados situados en la región norte fueron Texas y Coahuila. Con el tiempo, ambos formarían parte del estado norteamericano llamado Texas, pero durante el siglo XVIII estaban separados. Bajo la jurisdicción del Nuevo Santander, ambos territorios tenían sus propias misiones, pero en 1716 fueron gobernados por Martín de Alarcón.

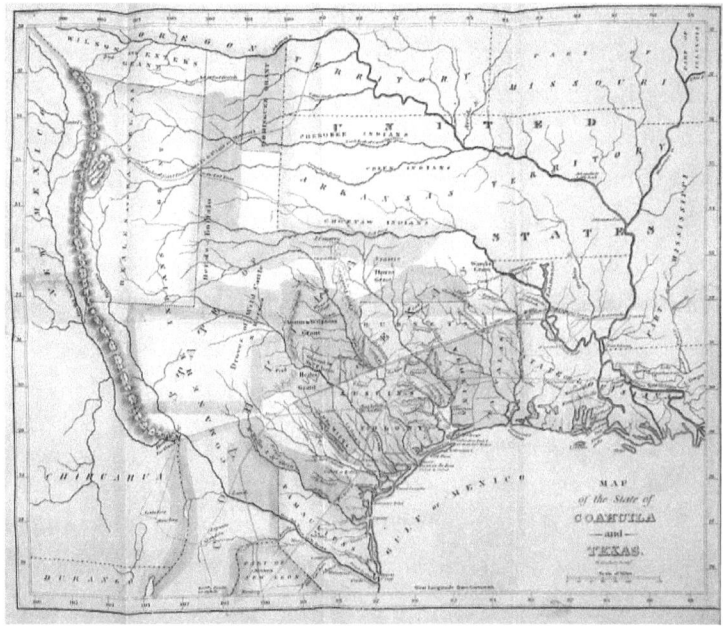

Mapa de Texas y Coahuila

(Fuente:https://commons.wikimedia.org/wiki/File:Hooker_Map_of_t he_State_of_Coahuila_and_Texas_1834_UTA.jpg)

Aplicación de las nuevas leyes mexicanas

Tras la aprobación de la nueva ley, los líderes del gobierno se reunieron en Saltillo, la capital del estado mexicano de Coahuila, para establecer las reglas para determinar quiénes podían asentarse en las tierras del norte y qué requisitos debían cumplir. Los funcionarios de Saltillo establecerían los requisitos y definirían los términos de cualquier acuerdo con los empresarios de Texas, lo que significaba que también determinarían quiénes recibirían los contratos, si los solicitantes eran estadounidenses, europeos o mexicanos. Estas reglas se documentaron en la ley estatal de colonización.

Los dirigentes del gobierno se centraron en gran medida en la ganadería y la agricultura para producir más alimentos y fomentar el crecimiento del comercio en la región entre los diferentes asentamientos. De acuerdo con la nueva ley, los mexicanos tendrían la primera opción de tierra en el asentamiento de la región del norte; luego, se permitiría a los estadounidenses asentarse. Aunque se les exigiría pagar por la tierra donde se asentaran, inicialmente los inmigrantes no serían gravados mientras se esforzaban por establecerse. Lo único que tenían que hacer era aceptar el contrato que había firmado su empresario y jurar que cumplirían sus requisitos, incluido el de convertirse en ciudadanos mexicanos. Una vez completado el juramento, los colonos se convertían en mexicanos naturalizados.

Los problemas surgieron cuando el gobierno federal se dio cuenta de que los colonos estaban incumpliendo el juramento que habían hecho. Muchos de los estadounidenses no cumplían con los pocos requisitos del juramento, conservando sus propias tradiciones en lugar de integrarse con las tradiciones y el pueblo mexicanos. Y lo que es más grave, los estadounidenses no adoptaron las leyes mexicanas en sus asentamientos. Ignoraron descaradamente las leyes que no convenían a su modo de vida y aplicaron en su lugar sus propias leyes locales, algunas de las cuales contradecían las leyes mexicanas.

Creciente resentimiento

Casi una década antes de que Texas instigara una guerra por la independencia, otros colonos estadounidenses ya expresaban su deseo de rebelarse contra el gobierno mexicano. La primera de estas revueltas fue precipitada por un hombre llamado Haden Edwards. Edwards y los colonos de su colonia declararon la independencia en 1826, llamando a su tierra la República de Fredonia. Habían planeado trabajar con los cherokees para formar una alianza y crear una nueva bandera que representara a los estadounidenses y a los pueblos nativos. Tras firmar una declaración de independencia en diciembre de 1826, se dirigieron a los Estados Unidos en busca de apoyo. También pidieron a Stephen Austin que les ayudara en su lucha contra el gobierno mexicano. Como era de esperar, Austin se puso del lado del gobierno mexicano y se unió a los mexicanos para sofocar la rebelión. A finales de enero de 1827, la República de Fredonia ya no existía. Descontentos por haber sido arrastrados a una rebelión tan mal planificada, los cherokees mataron a los principales líderes, John Dunn Hunter y Richard Fields. Haden Edwards sobrevivió huyendo y más tarde regresaría para unirse a la guerra de la Independencia de Texas.

México, comprensiblemente, se vio sacudido por este llamamiento a la independencia, aparentemente no provocado, y se mostró receloso de permitir la entrada de más colonos estadounidenses en sus territorios. Dado que la responsabilidad de sofocar la rebelión recaía en el gobierno federal, y no en el estatal, los líderes del gobierno mexicano comenzaron a intentar consolidar el poder. Deseando construir un gobierno central mucho más fuerte que copiara más de cerca la forma en que España había gobernado, comenzaron a redactar nuevas leyes hacia finales de 1829 y las aprobaron en abril de 1830. Las nuevas leyes anulaban cualquier acuerdo existente con los colonos si estos no cumplían los términos de dicho acuerdo, además de restringir la inmigración estadounidense. Las únicas excepciones fueron los asentamientos de Stephen Austin y Green DeWitt. El gobierno mexicano consideró que estos dos empresarios habían cumplido con sus requisitos (algo que no era del todo cierto para ninguno de los dos hombres). El gobierno mexicano también estableció puestos militares para poder evitar que nuevos colonos estadounidenses entraran en México y Texas. No se permitiría la entrada de más esclavos en el país, aunque los esclavos que actualmente residían allí seguirían esclavizados.

Durante los cinco años anteriores al nuevo acuerdo, tanto Coahuila como los colonos estadounidenses se habían beneficiado enormemente de la relación que habían establecido. De hecho, estaban prosperando de una manera que había eludido gran parte del resto de México. El comercio se había estabilizado e incluso era lucrativo en algunas regiones. La interferencia del gobierno federal amenazaba tanto el libre comercio que se había establecido como la soberanía de Coahuila. Se había permitido traer esclavos a Coahuila porque no había suficiente gente para trabajar las tierras sin ellos. Sin embargo, ahora debían ser contratados, dándoles la posibilidad de ganar dinero para comprar su propia libertad. Con las nuevas leyes, sin embargo, ya no sería posible traer nuevos esclavos, y la gente del territorio texano temía que esto redujera su capacidad de comercio y, al mismo tiempo, frenara el crecimiento. Se sospechaba que la eliminación de la posibilidad de traer más esclavos a México tenía por objeto disuadir a los tipos de estadounidenses que venían a menudo. Los mexicanos creían que si los estadounidenses no podían traer sus esclavos, no tendrían la tentación de entrar en el país sin autorización. El aumento de las leyes antiinmigración provocó una hostilidad mucho mayor entre los angloamericanos y los mexicanos y no tuvo el efecto deseado de enfriar la situación. Los colonos percibían esto como una intromisión de los mexicanos en los territorios que estaban bajo el control de los colonos, lo que demostraba que todavía se veían a sí mismos como estadounidenses, no como mexicanos. La resistencia a seguir las leyes mexicanas y los requisitos de inmigración molestaron comprensiblemente a los líderes mexicanos.

Un político y general mexicano llamado Santa Anna actuó en 1833 para aliviar el problema. Dirigió al gobierno a revocar la ley que había institucionalizado la discriminación en materia de inmigración, y los efectos fueron casi inmediatos, ya que los estadounidenses empezaron a inmigrar a las regiones que habían prosperado con los asentamientos mejor establecidos. Aproximadamente un año después, Santa Anna revocaría su decisión de permitir mayores derechos a los estados. Llamó a la congregación de un nuevo congreso que creara un gobierno central fuerte. Tomó casi un año, pero el país fue reconfigurado en el otoño de 1835, con los estados convertidos en departamentos que luego serían controlados por designaciones presidenciales.

Esto no sentó bien a la gente de Coahuila, en particular a los habitantes del asentamiento de Stephen Austin. México estaba inmerso en una guerra civil, lo que hizo que fuera el momento oportuno para que los tejanos rompieran finalmente con la nación que los había invitado a colonizar las tierras que pertenecían a los nativos americanos.

Capítulo 6 - Comienza la lucha por la independencia de Texas

Diez años después de que México obtuviera finalmente su independencia de España, los estadounidenses decidieron que debían luchar para independizarse de lo que consideraban el control dictatorial del gobierno mexicano. Algunos de los principales empresarios estadounidenses, como Stephen Austin, trataron de encontrar una solución pacífica y acabaron atrapados en una lucha entre sus colonos y el gobierno mexicano. Aunque ya se enfrentaba a una guerra civil, México pronto se encontró librando otra batalla interna, esta vez con la misma gente que había esperado que ayudara a la prosperidad del país. Casi desde el principio, los estadounidenses dejaron claro que no querían integrarse en la cultura de su país de acogida ni respetar los juramentos que hicieron al instalarse en territorio mexicano. Mientras el pueblo mexicano estaba preocupado por la guerra civil, los estadounidenses vieron su oportunidad de hacer lo que en gran medida esperaban (o en algunos casos pretendían) que ocurriera: trataron de apartarse de la supervisión mexicana y buscar la forma de anexionarse a Estados Unidos.

La última gota

Después de que México nombrara a un representante para gobernar las regiones, los colonos estadounidenses —especialmente los que vivían en Coahuila— dieron a conocer su enfado por la medida. Hasta ese momento, habían sido abandonados a su suerte. La supervisión gubernamental de la nación donde vivían se consideraba dictatorial. Irónicamente, los colonos estadounidenses se dirigieron a otro gobierno federal que era mucho más práctico, demostrando que su problema era más bien el hecho de que debían convertirse en mexicanos en lugar de seguir siendo estadounidenses.

Aunque los estados norteamericanos gozaban de una considerable autonomía, el gobierno federal tenía mucha influencia en la gestión de los estados. De hecho, la lucha entre los derechos de los estados y el papel del gobierno federal era un problema que estaba muy presente en la conciencia de los estadounidenses de la época. Pero la rebelión de los colonos estadounidenses en México tenía que ver más con el miedo a perder su modo de vida que con un problema real. La amenaza de perder sus esclavos era una preocupación primordial, y el derecho a poseer esclavos era algo que sabían que EE. UU. preservaría si conseguían que este país se anexionara su región.

Ante el temor de que los colonos se alzaran contra el gobierno, sobre todo a medida que los colonos se hacían oír, el comandante mexicano de Coahuila solicitó refuerzos para sofocar el malestar de los colonos. Cuando se corrió la voz de que se estaba levantando una fuerza militar contra ellos, William B. Travis dirigió un grupo de tejanos para atacar Anáhuac en junio de 1835. Cuando se negaron a rendirse, México lo tomó como una rebelión directa contra las leyes mexicanas. Con esta violación directa del juramento que los colonos habían hecho, la guerra era casi inevitable.

Tal vez una de las peores cosas que hizo México para desautorizar a los estadounidenses asentados fue tratar de dar un ejemplo a la persona más leal a México. Austin había insistido constantemente en que la gente que se asentaba como parte de su acuerdo siempre acatara las leyes mexicanas. A cambio, el asentamiento de Austin prosperó y tuvo una protección significativamente mejor que la de cualquier otro asentamiento, así como grandes porciones de México. Cuando el gobierno mexicano decidió dar un escarmiento a Austin encarcelándolo después de que intentara negociar una solución pacífica, México consiguió volver a su mejor aliado contra sí mismo. Tras un año de encarcelamiento, incluso Stephen Austin reclamó una Texas independiente. Cuando Austin regresó a su asentamiento en 1835, Texas dio su paso para separarse de México.

Conflicto abierto

Con el regreso de Austin después de un encarcelamiento sin cargos, el pueblo de Texas tuvo por fin una figura que los guiara en la lucha por la independencia.

El primer conflicto real en la lucha por la independencia de Texas fue en la batalla de Gonzales en octubre de 1835. La lucha comenzó como una simple petición de que los colonos de Gonzales devolvieran un cañón que se les había dado en 1831 para ayudar durante los ataques de los nativos americanos. Cuando se negaron, el comandante de Texas Domingo de Ugartechea envió 100 soldados para recuperar el cañón. Sabiendo que la tensión haría que la situación fuera precaria, de Ugartechea instruyó al líder, el teniente Francisco de Castañeda, para que evitara el conflicto si era posible, pero dijo que la fuerza era aceptable si fuera necesaria. El 27 de septiembre de 1835, los mexicanos salieron de San Antonio hacia Gonzales. Después de dos días, llegaron a su destino solo para encontrar que no podían cruzar el río Guadalupe debido a la inundación y a la presencia de dieciocho milicianos estadounidenses. Castañeda dijo a los dieciocho hombres que tenía un despacho para

Andrew Ponton, y le dijeron que el alcalde no estaba presente. Mientras los hombres de Castañeda acampaban en la orilla opuesta del río, los habitantes de Gonzales pidieron refuerzos.

Un miembro de la tribu Coushatta se abrió paso hasta el campamento mexicano e informó a Castañeda de que el número de hombres en Gonzales dispuestos a luchar era de 140 o más. En lugar de permanecer a la intemperie, Castañeda hizo levantar el campamento y vadear el río más lejos. Los soldados montaron un nuevo campamento el 1 de octubre, a unas siete millas de su destino.

Los hombres de González no se quedaron quietos al ver partir a los mexicanos. Cruzaron el río hasta donde los mexicanos habían acampado originalmente, y se abrieron paso a lo largo del río hasta encontrar el nuevo campamento. El 2 de octubre, atacaron el campamento mexicano. Cuando cesó la primera ronda de combates, Castañeda solicitó un encuentro. El comandante de los rebeldes era John Henry Moore, y aceptó el encuentro. Aunque se enteró de que Castañeda estaba de acuerdo con gran parte de las ideas que tenían los colonos, Castañeda no podía ir en contra de sus órdenes de recuperar el cañón. Cuando quedó claro que la lucha se reanudaría, Castañeda supo que su bando no podría ganar. Aunque él y sus hombres habían sido atacados sin provocación, quería minimizar la lucha. Pidiendo la retirada, los mexicanos volvieron con el comandante Ugartechea.

La batalla fue poco más que una breve escaramuza por la presencia de un cañón, pero la victoria fue la señal que los colonos necesitaban para decidir que era el momento de entrar finalmente en una guerra abierta. Austin fue llamado a ser el comandante de las fuerzas que luchaban por la separación de Texas, aunque no era un militar. Era un diplomático, como pronto se haría evidente. Pronto fue sustituido por Sam Houston y asumió el papel de enviado a los Estados Unidos. Austin pasó la mayor parte de la guerra tratando de convencer a Estados Unidos de que interviniera en favor de Texas. Sus esfuerzos fracasaron porque Estados Unidos no quería iniciar una guerra con México. Estados Unidos no estaba tan dividido como México, pero ya estaba plagado de muchas luchas internas, siendo la esclavitud una de las mayores preocupaciones.

La Declaración de Independencia de Texas y cómo los Rangers de Texas se ganaron un papel más prominente en el nuevo país

Tras los acontecimientos de Gonzales, los colonos se reunieron y una consulta redactó la Declaración de Independencia de Texas el 7 de noviembre de 1835. Fue firmada por cincuenta y nueve hombres, tres de los cuales eran descendientes de mexicanos. Esto demostró que algunas personas que se habían asentado en la región tenían un sentido de derecho. En algunos niveles, esto parece natural porque, hasta ese momento, los colonos se habían valido por sí mismos. Sin embargo, la declaración se oponía directamente a lo que los colonos habían acordado cuando se trasladaron a la región. Nada de lo que había ocurrido era inesperado. Los habitantes sabían que estarían en la frontera, buscándose la vida. El problema era que habían llegado a creer que el Destino manifiesto estaba prácticamente garantizado, sobre todo porque México había hecho poco por demostrar interés en sus asentamientos. La inestabilidad del gobierno mexicano era un grave problema, incluso para los de ascendencia mexicana, por lo que algunos decidieron unirse a los demás colonos en lugar de ponerse del lado del país que no les había proporcionado mucho apoyo.

Para 1836, la Revolución de Texas había comenzado, y les fue bien a los tejanos casi desde el principio. Durante este tiempo, los voluntarios y los soldados desempeñaron un papel importante en la victoria de la independencia de Texas, pero los Rangers de Texas tuvieron un papel igualmente crucial. Como los soldados estaban centrados en la lucha contra los mexicanos, los colonos eran objetivos fáciles tanto para los nativos americanos como para los militares mexicanos. Este fue el primer caso registrado en el que los Rangers de Texas recibieron una sanción del gobierno para patrullar las fronteras contra los nativos americanos. Algunos de los miembros de los Rangers también lucharon contra el gobierno mexicano, pero la mayoría de las fuerzas trabajaron para proteger a los colonos mientras otros luchaban en la guerra por la independencia de Texas. Como los Rangers eran expertos rastreadores, algunos de ellos fueron llamados a actuar como exploradores. Además, como estaban familiarizados con las tierras, otros sirvieron como transportistas.

Tras el desastre de El Álamo (ahora San Antonio) en marzo de 1836, los Rangers fueron a ayudar a los tejanos que huían de la zona. Ayudaron a poner a salvo a los colonos y destruyeron todo lo que quedaba atrás para que no pudiera ser utilizado por los mexicanos, incluidos los productos de las granjas. Cuando los Rangers fueron llamados a actuar como escoltas en la batalla de San Jacinto en abril de 1836, muchos de ellos estaban molestos con su papel. Preferían luchar en la guerra contra los mexicanos o contra los nativos americanos. Las tareas serviles que se les asignaron durante la guerra parecían un paso atrás respecto a sus tareas habituales, que habían sido importantes cuando la zona formaba parte del Texas mexicano. Sin embargo, su papel comenzó a sufrir un cambio significativo tras el final de la guerra, en gran medida porque se convirtieron en el único grupo policial establecido en Texas. El uso de los Rangers por parte del nuevo gobierno variaba en función del gobernador al mando, pero su lugar y su papel en el nuevo país comenzaron a solidificarse.

Capítulo 7 – La batalla del Álamo y otras batallas importantes

Uno de los acontecimientos más notorios de la historia de los Estados Unidos ocurrió en un territorio que ni siquiera pertenecía a los Estados Unidos, y fue un intento ilegal de algunos estadounidenses de robar tierras a otra nación. Por supuesto, no es así como muchos estadounidenses lo retratan. Cuando los estadounidenses de Texas empezaron a sentir que los mexicanos estaban demostrando tendencias autoritarias, algunos empezaron a creer que no necesitaban seguir ninguno de sus acuerdos con la nación de México.

Mientras que los estadounidenses pensaban que estaban luchando por la independencia de un gobierno dictatorial, México creía que los estadounidenses estaban incumpliendo su acuerdo y estaban robando tierras que pertenecían a México. La guerra de la Independencia de Texas ya se estaba librando cuando los estadounidenses intentaron defender la antigua misión española, pero fueron los acontecimientos que allí ocurrieron los que proporcionaron un grito de guerra contra los mexicanos.

Breve historia del Álamo

El Álamo tenía más de 100 años cuando su nombre se convirtió en el grito de guerra de los estadounidenses que intentaban establecer su propio país. Fundado originalmente como una misión para convertir a los pueblos nativos de la zona, la estructura estaba sólidamente construida. Formaba parte de los asentamientos establecidos en San Antonio, lo que la convierte en una de las estructuras europeas más antiguas de la región. Como capilla de la misión original, se erigió entre 1716 y 1718, aunque no se sabe cuándo se terminó y se puso en uso. Durante los siguientes 100 años, los soldados españoles se detenían en El Álamo para descansar durante sus marchas por la región. Los soldados fueron los que dieron a la estructura su nombre, El Álamo, por la cantidad de álamos que había en la región.

Un plan defectuoso

A medida que avanzaba la guerra de la Independencia de Texas, seguían entrando más estadounidenses en el territorio, y muchos de ellos decidían luchar en la guerra. Algunos de ellos se dirigieron al oeste, hacia San Antonio, a pesar de las advertencias de Sam Houston, que era el líder de las fuerzas militares tejanas. Los líderes estadounidenses habían decidido que era mejor abandonar San Antonio porque era demasiado difícil de defender, pero los voluntarios hicieron caso omiso de sus advertencias. Para entonces, El Álamo tenía más de 125 años y no se había mantenido bien. Los hombres insistieron en quedarse a pesar de estar expuestos a los elementos y a las fuerzas mexicanas.

Varios estadounidenses famosos formaron parte del grupo de voluntarios que se negaron a abandonar su posición. Los comandantes de los voluntarios eran James Bowie y William B. Travis. Bowie es más conocido por el cuchillo que lleva su nombre. Tal vez el participante más conocido en los acontecimientos de El Álamo fue David (Davy) Crockett, un antiguo congresista y hombre de frontera. Crockett se había desilusionado con la política estadounidense, especialmente con el genocidio de los nativos americanos por parte del presidente Andrew Jackson. Al no haber podido evitar los sucesos que condujeron al Sendero de Lágrimas, Crockett abandonó Estados Unidos para hacer una nueva vida en Texas. Los tres hombres tenían experiencia en la frontera, pero su experiencia no los preparó necesariamente para una lucha real contra una fuerza militar, especialmente no un ejército comandado por uno de los más renombrados líderes militares mexicanos a los que se enfrentaron en febrero de 1836.

El general mexicano Antonio López de Santa Anna había marchado con el ejército mexicano hacia el oeste para sofocar la rebelión de los colonos. Él y un ejército de entre 1.800 y 6.000 hombres (los registros sobre el número de soldados mexicanos varían) llegaron a El Álamo el 23 de febrero de 1836. A su llegada, iniciaron el asedio de El Álamo.

Una sombría constatación, una petición de ayuda y el nacimiento de un grito de guerra

Cuando comenzó el asedio, los voluntarios estadounidenses se dieron cuenta rápidamente de que Houston había tenido razón en su evaluación de la imposibilidad de proteger la región. Travis actuó a partir de esta constatación y envió un mensaje a todo aquel que pudiera ser localizado, suplicando a "la gente de Texas y a todos los estadounidenses del mundo" que acudieran a apoyarles en su mal concebido deseo de mantener una estructura que no era ni estratégica para la victoria ni beneficiosa para la lucha en general.

Una vez en posición, los militares mexicanos empezaron a disparar cañones contra los muros de El Álamo, reduciendo gran parte de la estructura exterior a escombros. A pesar de las dificultades, los estadounidenses lograron mantener El Álamo durante trece días, defendiéndolo contra una fuerza mucho mayor. Los mexicanos lo pasaron igual de mal al intentar desalojar a los estadounidenses, ya que la región no era ideal para la lucha.

Se dice que Travis envió a una mujer para que actuara como mensajera de los tejanos en El Álamo. Ella transmitió el mensaje de que estaban dispuestos a rendirse si Santa Anna accedía a perdonar la vida de los tejanos. La respuesta fue que los habitantes del Álamo debían rendirse sin ninguna garantía sobre lo que les ocurriría. Para los mexicanos, los texanos eran traidores que no merecían ningún tipo de concesión. Una vez que tuvieron su respuesta, los habitantes del Álamo decidieron que su única opción era acabar con todos los mexicanos que pudieran porque no había posibilidad de vencer a una fuerza tan grande y bien entrenada.

El 6 de marzo de 1836, los mexicanos decidieron finalmente avanzar después de sufrir grandes bajas; estaban más expuestos que los texanos escondidos en El Álamo. Santa Anna les ordenó asaltar El Álamo a través de una brecha en el muro de la estructura, y no debían perdonar a ninguno de los defensores. Hicieron falta tres intentos, pero el último empujón hacia delante acabó por doblegar a los defensores. Los soldados mexicanos cumplieron la orden de Santa Anna de matar a todos los defensores, y solo perdonaron la vida a mujeres y niños. Se dice que de los 180 a 260 estadounidenses que había en El Álamo, solo sobrevivieron quince. El número de mexicanos que murieron se estima entre 600 y 1.600. Houston había tenido razón sobre lo imposible que era luchar en una zona tan abierta y antigua, y había sido una lucha bastante desacertada para ambos bandos.

Con tan pocos supervivientes y la pérdida de algunos de los más notables fronterizos estadounidenses en El Álamo, muchos tejanos estaban enfurecidos. Cuando marcharon a la batalla un mes más tarde, Houston dirigió una fuerza contra Santa Anna al grito de "¡Recuerden El Álamo!".

La batalla de San Jacinto y el fin de la lucha por la independencia de Texas

La derrota en El Álamo fue el primero de dos golpes demoledores; el segundo fue la masacre de Goliad. Se calcula que 350 rebeldes murieron aproximadamente un mes después del desastre de El Álamo. Los que fueron capturados durante la batalla fueron ejecutados, dando a los colonos más razones para persistir. Si los tejanos se rendían a causa de las derrotas, podían esperar una respuesta muy dura a la rebelión.

Santa Anna vio las dos victorias mexicanas como una señal de que los texanos serían pronto derrotados, lo que le llevó a un grave error de cálculo: dividió a su ejército para intentar acabar con los rebeldes más rápidamente. Enfadado por la forma en que Santa Anna se había negado a tomar prisioneros, el general Sam Houston se lanzó a por el legendario líder militar mexicano. El tejano finalmente alcanzó al pequeño ejército mexicano en el río San Jacinto el 21 de abril de 1836. Como Santa Anna no esperaba que los tejanos estuvieran a la ofensiva, el ataque les cogió a él y a sus hombres por sorpresa. El ataque se convirtió en una derrota, y cerca de la mitad de los mexicanos murieron. Santa Anna y el resto de sus hombres fueron hechos prisioneros. Como Santa Anna era también el presidente de México, los tejanos le obligaron a firmar un acuerdo que reconocía a Texas como nación independiente. Él y sus hombres fueron obligados a regresar a México.

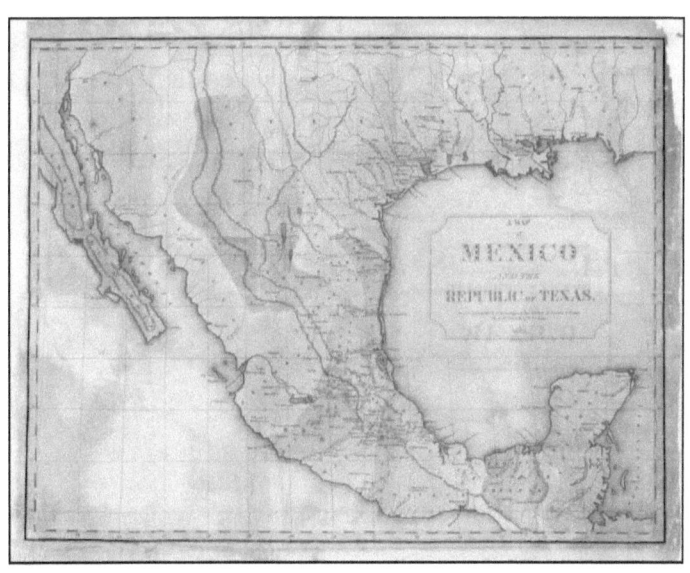

México y la recién independizada Texas, 1838
(Fuente: https://www.raremaps.com/gallery/detail/37793/a-map-of-mexico-and-the-republic-of-texas-1838-niles-pease)

La República de Texas y las tierras indefinidas

Terminada la guerra, Texas y México tuvieron que establecer los términos de su final. El nuevo gobierno de Texas puso fin al sistema de concesión de tierras que había dictado quién controlaba las tierras de la nueva nación. A los soldados se les dio tiempo para encontrar un hogar, ya que habían sido los que más se habían sacrificado por la República de Texas.

Sin embargo, no hubo un acuerdo entre México y la República de Texas en cuanto a lo que incluía la nueva república. La República de Texas pensaba que ahora tenía más del doble de las tierras que habían formado los pocos territorios que conformaban Texas antes de la guerra. Como se muestra a continuación, México consideraba que la gran mayoría de las tierras aún estaban en su poder. Ninguna de las dos naciones resolvió oficialmente la disputa sobre las tierras, y esto llegaría a ser una fuente de disputa mucho mayor en las dos décadas siguientes, cuando los EE. UU. comenzaron a considerar finalmente qué hacer con la República de Texas, que había estado buscando unirse al país incluso antes de separarse de México.

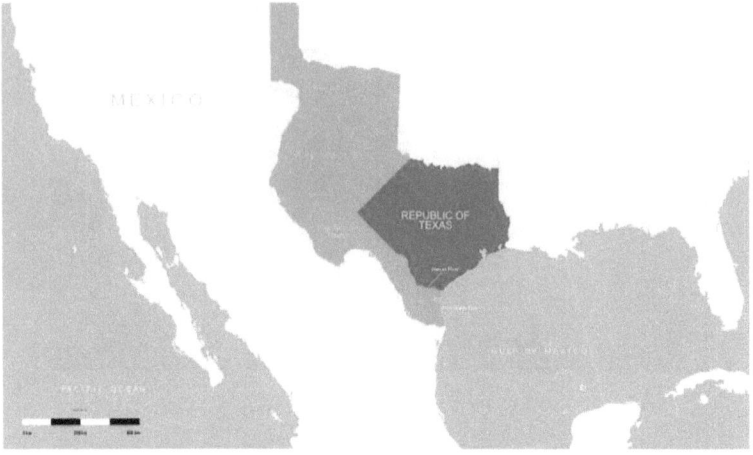

Tierras en disputa entre México, Texas y Estados Unidos

wikimedia.org

Capítulo 8 - La anexión a EE. UU. y la guerra mexicano-estadounidense

Mientras Texas y México luchaban por el control de las tierras que realmente pertenecían a los pueblos nativos, los Estados Unidos observaban con interés. Aunque no estaban dispuestos a hacer nada que pudiera molestar al gobierno mexicano, estaban interesados en ver cómo se resolvía la guerra. Tenían más posibilidades de ganar con una Texas independiente, y eso planteaba la cuestión de si debían anexionarse la región.

Había varias razones muy importantes por las que Estados Unidos dudaba en anexionar Texas, a pesar de las súplicas de Stephen Austin para que interviniera en favor de los colonos, que en su día fueron estadounidenses. El temor a una guerra con México era una de las principales preocupaciones, pero había un problema mucho más importante con la incorporación de Texas. Se trataba de la ya tensa relación entre los que querían abolir la esclavitud y los que querían perpetuarla. Sin embargo, el miedo a una guerra con México fue la principal razón de la reticencia de EE. UU. a ayudar.

La negativa inicial de Estados Unidos a incorporar Texas al país fue preocupante para los tejanos. Habiendo alienado a casi todos los grupos de su entorno, los tejanos sabían que era solo cuestión de tiempo que sus vecinos se unieran para acabar con ellos. Antes de la revolución, los cherokees habían mostrado su disposición a trabajar contra los mexicanos, pero en lugar de fomentar esta relación, por la que abogaba el recién elegido presidente Houston, Texas siguió intentando presionar a EE. UU. para que se anexionara.

Después de una década, los EE. UU. decidieron finalmente que la anexión de Texas no era un riesgo tan grande como lo había sido durante la guerra. Sería un esfuerzo complicado, pero a finales de la década de 1840, Texas se convertiría oficialmente en el 28º estado de EE. UU. Tras la anexión, Estados Unidos instigó una guerra con México para resolver una disputa sobre los límites de Texas. Ya sin miedo a la guerra, EE. UU. inició la guerra mexicano-estadounidense.

Se cumplen las antiguas expectativas de los tejanos

El primer paso oficial para unirse a EE. UU. se produjo en 1836, cuando se celebraron las primeras elecciones tras la Revolución de Texas. El pueblo votó a favor de la anexión de Texas a EE. UU., pero el gobierno tejano no logró completar un tratado con EE. UU. que ratificara su condición de estado. Los Estados Unidos también se mostraron reacios a anexionar tierras que habían formado parte de México tan recientemente.

Sin embargo, una vez que Texas consiguió su independencia, Estados Unidos no perdió de vista la nueva nación y sopesó sus opciones. Con la llegada de más estadounidenses a Texas, algunos miembros del gobierno también sintieron el deber de proteger a esos ciudadanos. Texas no obligó a ninguno de los inmigrantes a renunciar a su ciudadanía, por lo que los nuevos colonos eran mayoritariamente estadounidenses. Los colonos norteamericanos seguían esperando la protección de Estados Unidos, especialmente a medida que aumentaban las tensiones con las tribus nativas y los mexicanos. Había muchas pruebas de que México planeaba iniciar un ataque, y algunas de ellas se manifestaron durante la guerra Cherokee.

La resolución conjunta para la anexión de Texas

Aunque tardó casi una década, el gobierno de EE. UU. finalmente llegó a una resolución que permitiría a Texas entrar oficialmente en la gran nación como estado. A lo largo de los años, el gobierno de EE. UU. no había logrado acordar un tratado oficial con Texas, por lo que recurrió a otra táctica para incorporarlo a la unión.

Hubo varias razones por las que se tardó tanto en anexionar Texas. Una de las preocupaciones más notables para EE. UU. era la deuda que Texas había contraído durante su guerra por la independencia. Los colonos habían sido prósperos bajo el gobierno mexicano, pero nunca fueron ricos, y la guerra provocó una gran deuda que Estados Unidos no estaba dispuesto a asumir. Otro problema importante era la creciente división en Estados Unidos sobre la esclavitud. Cada nuevo territorio que se incorporaba al país tenía que ser evaluado por los abolicionistas y los grupos de presión pro-esclavistas para determinar si la esclavitud se permitiría en el futuro estado. Añadir Texas supondría dar a los partidarios de la esclavitud una gran franja de tierra, desestabilizando el delicado equilibrio entre los estados existentes. Los tejanos ya habían demostrado que no tenían intención de renunciar a sus esclavos, incluso convenciendo al gobierno mexicano de que permitiera la esclavitud en el territorio antes de la revolución.

Tras la Revolución de Texas, México había dejado claro que si Estados Unidos se anexionaba Texas, México lo tomaría como una declaración de guerra. Por ello, EE. UU. evitó cualquier tipo de negociación hasta 1844. Cuando Estados Unidos empezó a hablar con Texas sobre la anexión, México rompió todas las relaciones diplomáticas. El presidente estadounidense John Tyler no pudo conseguir los votos necesarios en el Senado para ratificar un tratado que se había negociado con Texas ese año. Su siguiente intento de anexión de la pequeña nación se produjo en 1845, unos meses antes de dejar el cargo.

Cuando Estados Unidos aprobó una resolución conjunta para la anexión, incluyó tres condiciones principales para el posible estado. En primer lugar, Texas mantendría el control de sus tierras públicas y sus deudas; los EE. UU. no las gestionarían, lo que daba a Texas un control considerable sobre sus propias tierras. La segunda condición abordaba en parte el problema de la esclavitud dejando una opción abierta para que EE. UU. decidiera que, si quería dividir Texas en cuatro nuevos estados, tendría derecho a hacerlo. Por último, el gobierno de EE. UU. se encargaría de proporcionar instalaciones gubernamentales, servicios postales y fuerzas militares, y mantendría la autoridad sobre el estado como lo hacía en todos los estados de la unión. Eso significaba que Texas podía controlar la tierra, pero a cambio tenía que acatar las leyes estadounidenses, sobre todo en las áreas en las que el gobierno de EE. UU. proporcionaba los servicios básicos.

Al aceptar a Texas como estado, Estados Unidos asumía un gran riesgo. Estarían construyendo un sistema gubernamental que funcionaría y operaría en una red mucho más grande, lo que sería costoso. La propuesta de anexión se presentó en julio de 1845 a un grupo de funcionarios elegidos en la Convención Constitucional celebrada en Austin. Había varias propuestas a considerar, incluyendo la resolución conjunta para la anexión y un tratado de paz con México. El tratado de paz resolvería finalmente la lucha entre Texas y México, pero exigía que Texas siguiera siendo su propia nación. Si Texas optaba por anexionarse a los Estados Unidos, las hostilidades continuarían. La votación final fue exactamente lo que se esperaba: los representantes votaron a favor de lo que el pueblo de Texas había querido desde antes de la Revolución de Texas: ser anexionado a los Estados Unidos. La propuesta se sometió al pueblo en octubre de ese mismo año. Votaron a favor de unirse a EE. UU., y la anexión se hizo oficial cuando se completó la Ordenanza de Anexión y una constitución estatal.

Texas presentó sus votos a EE. UU., y fueron enviados al Congreso, donde la decisión del pueblo de Texas fue rápidamente aceptada. Antes de que finalizara 1845, la resolución conjunta para admitir a Texas como estado fue presentada al presidente James Polk para su firma. Tras casi una década de espera, Texas era por fin un estado. El traspaso del control comenzó poco después, y la transferencia formal se produjo en febrero de 1846.

La creciente preocupación de México

Los funcionarios mexicanos estaban preocupados por la posibilidad de perder territorio en favor de EE. UU. incluso antes de la guerra de independencia de Texas. Una vez que Texas se independizó de México sin la ayuda de EE. UU., los temores de México sobre lo que podría suceder a continuación se intensificaron. Entre 1836 y 1845, México hizo todo lo que estaba en su mano para disuadir a Estados Unidos de anexionarse las tierras que tan recientemente le habían pertenecido.

Uno de los mayores puntos de discordia entre Texas y México era qué parte del territorio pertenecía a Texas y qué parte a México. El total de la región en cuestión habría duplicado con creces a Texas. Por sí sola, Texas no suponía una gran amenaza a la hora de obligar a México a ceder territorio. Sin embargo, eso cambiaría si Estados Unidos se lo anexionara. Además de luchar por su nuevo estado, los estadounidenses, bajo el recién elegido presidente Polk, buscaban hacer realidad la idea del Destino manifiesto. La compra de Luisiana había contribuido a hacerla más cercana a la realidad durante la presidencia de Thomas Jefferson, pero los Estados Unidos tenían ahora en el punto de mira el territorio mexicano en un esfuerzo por cumplir lo que consideraban correcto e inevitable.

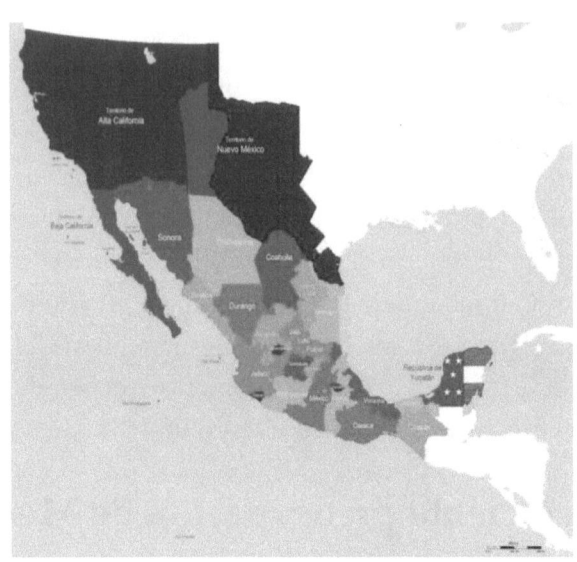

México en 1845: En el camino de la expansión estadounidense
(Fuente:https://en.wikipedia.org/wiki/Territorial_evolution_of_Mexic
o#/media/File:Mapa_Mexico_1845.PNG)

Inicialmente, no había mucho apoyo a ambos lados de la frontera para una guerra. Sin embargo, México se encontraba en una posición mucho más débil: todavía estaba intentando construir una nación en medio de guerras civiles y otras luchas de poder. Estados Unidos llevaba varias décadas siendo una nación y se había agrupado en torno a un gobierno central fuerte. Las probabilidades estaban en contra de México.

Con la anexión de Texas, Estados Unidos demostró que por fin estaba dispuesto a apoderarse de las tierras mexicanas. Tras la anexión, Estados Unidos comenzó a reclamar la propiedad de tierras que aún estaban en disputa. Antes de ganar Texas, Estados Unidos había enviado a John Slidell y a un pequeño contingente de políticos a México para negociar la compra de una gran franja de la zona norte de México. Estados Unidos quería reproducir el bajo precio de la compra de Luisiana, que había duplicado con creces el tamaño de Estados Unidos en 1803 por quince millones de dólares (o dieciocho dólares por milla cuadrada). Slidell fue autorizado a ofrecer treinta millones de dólares por la región, pero el gobierno mexicano no quiso ni siquiera reunirse con él, ya que no tenían ningún deseo de vender las tierras.

Cuando Slidell regresó diciendo que México no estaba dispuesto a reunirse con él, el presidente Polk decidió publicitarlo como un insulto a la nación. Polk forzó entonces una guerra con México porque creía que era la única manera de adquirir potencialmente las tierras que creía destinadas a formar parte de los Estados Unidos. Para asegurarse de que el ejército estadounidense instigara una guerra, envió tropas a residir en la región en disputa al sur de la frontera de Texas. Estas tropas estaban técnicamente invadiendo otra nación y, como era de esperar, México les disparó. Esto era exactamente lo que Polk quería. Al convertir la invasión de EE. UU. en una historia sobre la muerte de un soldado estadounidense en tierras de EE. UU. a manos de mexicanos, Polk finalmente creó la excusa que necesitaba para iniciar una guerra para robar tierras a México. Engañó al pueblo estadounidense cuando dijo que México había "invadido nuestro territorio y derramado sangre estadounidense en suelo estadounidense". Luego ordenó al Congreso que declarara la guerra. Muchos estadounidenses lo cuestionaron. Los estados del norte dijeron que Polk, que era sureño, estaba intentando adquirir más estados esclavistas y darles mayor control. También había muchos estadounidenses que simplemente no querían ir a la guerra para robar tierras a otro país, pues hacía menos de cien años que habían ganado su propia libertad. Muchos seguían pensando que Estados Unidos no debía ser un agresor (excepto cuando se trataba de desplazar a los nativos americanos). A pesar de las protestas de muchos estadounidenses, el Congreso dio su aprobación el 13 de mayo de 1846.

La guerra mexicano-estadounidense

La guerra mexicano-estadounidense sería descrita más tarde por un joven subteniente llamado Ulysses S. Grant como una guerra que fue "una de las más injustas jamás emprendidas por una nación más fuerte contra una más débil. Fue un ejemplo de una república que siguió el mal ejemplo de las monarquías europeas, al no considerar la justicia en su deseo de adquirir más territorio". Esto fue exactamente lo que hizo que muchos estadounidenses se opusieran a la idea de la guerra antes de que fuera declarada. Sin embargo, una vez comprometida, muchos estadounidenses consideraron que era necesario prestar apoyo y levantar la moral de los soldados. Aunque la guerra fuera un error, los estadounidenses no culpaban a los soldados. Los mexicanos, en cambio, no solo estaban en contra de la guerra, sino que tampoco estaban en condiciones de beneficiarse de ella. Estados Unidos era ahora un agresor que había estado en gran parte en paz desde que ganó su independencia, en marcado contraste con las caóticas secuelas de la guerra de Independencia de México. La moral mexicana ya estaba baja, y esta era otra lucha, pero esta vez contra una fuerza mucho más poderosa. Los soldados y el pueblo mexicanos eran tan conscientes como Ulysses S. Grant de la superioridad de las fuerzas estadounidenses.

Tres oficiales notables lucharon en la guerra mexicano-estadounidense: el general Zachary Taylor, Ulysses S. Grant y Robert E. Lee. Esta fue la primera experiencia de Grant y Lee luchando en una guerra. A pesar de la novatez de los comandantes estadounidenses y de la superioridad numérica de los mexicanos, los estadounidenses lograron dominar rápidamente el campo de batalla.

La guerra mexicano-estadounidense comenzó en abril de 1846 con 8.000 soldados estadounidenses. Con el deseo de apoyar y luchar por su país, más de 60.000 estadounidenses se unieron pronto como voluntarios. Había más de 73.000 mexicanos, que también eran una mezcla de soldados regulares y voluntarios. La Armada mexicana no podía hacer frente a la mucho más robusta Armada estadounidense. Pero la anexión de Texas no era suficiente: Había que cumplir el Destino manifiesto. Para socavar aún más a México, Polk sembró el descontento en los otros territorios mexicanos de la actual California enviando a John Fremont y Stephen Kearny para instigar una revolución en la zona. Así, los habitantes de California se declararon la República de la Bandera del Oso incluso antes de enterarse de la lucha entre México y Estados Unidos. Liderados por Fremont, marcharon sobre un puesto militar, un presidio mexicano, y aseguraron la región para los EE. UU. Mientras Fremont aseguraba el robo del territorio californiano, Kearny aplicaba una estrategia similar en Nuevo México, expulsando al gobernador de la región. Él y su banda capturaron la capital y, tras su éxito, Kearny condujo a sus hombres hacia el oeste para unirse a los californianos que habían triunfado.

Mientras Kearny y Fremont aseguraban la región del norte, los generales Zachary Taylor y Winfield Scott marcharon hacia la Ciudad de México. Taylor se enfrentó directamente a Antonio López de Santa Anna y se dirigió hacia el centro de la capital, mientras que Scott se acercó a la ciudad desde una dirección diferente. Scott y sus hombres tomaron con éxito el control de la ciudad, dejando a los mexicanos sin otra opción que rendirse en septiembre de 1847. Esto puso a los EE. UU. en una mejor posición para negociar por la tierra a un costo mucho menor.

Irónicamente, la anexión de Texas y la guerra mexicano-estadounidense serían dos de los principales factores que contribuyeron a la guerra civil estadounidense. Al presionar por algo que la mayoría de los estadounidenses no quería, la nación se dividió aún más amargamente. Las discusiones sobre los métodos solapados de Polk y su comportamiento inconstitucional al forzar al país a una guerra injustificada se generalizaron. Uno de los escritores más notables de la época, Henry David Thoreau, estaba tan convencido de que la guerra era un error que fue arrestado por negarse a pagar impuestos en protesta por la guerra. Sus protestas dieron origen a la *Desobediencia Civil*, un ensayo que todavía se utiliza hoy en día para promulgar cambios pacíficos.

Todos estos acontecimientos fueron un preludio de lo que vendría después. La adquisición de tanta tierra por parte de una nación que ya estaba tan dividida daría lugar a muchas más hostilidades internas. Al ganar la guerra mexicano-estadounidense, Estados Unidos prácticamente se aseguró de que se desgarraría a sí mismo solo un par de décadas después. El Compromiso de Missouri de 1850, que pretendía resolver la cuestión de si las nuevas tierras americanas serían estados esclavistas o libres, acabaría siendo la perdición de Estados Unidos durante muchos años.

Tratado de Guadalupe Hidalgo

También es irónico que el tratado que puso fin a la guerra se hiciera sin el conocimiento del presidente. Firmado el 2 de febrero de 1848, el tratado fijó los límites de las regiones que formarían parte de los EE. UU. en adelante, incluyendo todos los estados del suroeste de los EE. UU. en la actualidad.

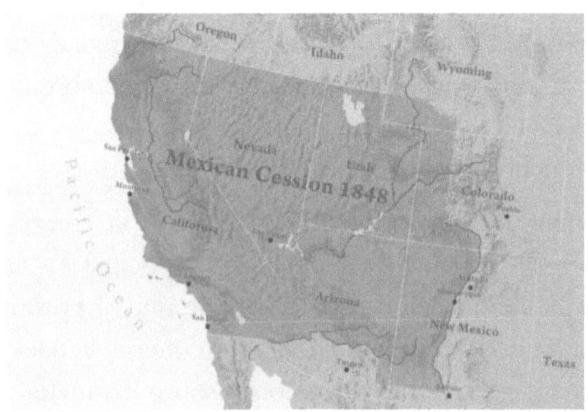

Tierras perdidas tras la guerra entre México y Estados Unidos
(Fuente:https://en.wikipedia.org/wiki/Mexican_Cession#/media/File: Mexican_Cession.png)

México recibió casi la mitad del dinero que se le había ofrecido antes de la guerra, y todas estas tierras pasaron a formar parte de EE. UU. por entre quince y dieciocho millones de dólares (EE. UU. también asumió parte de la deuda mexicana por estas regiones, aumentando el coste total de las tierras). Se identificaron las tierras en disputa con Texas (mostradas en el capítulo anterior) y se trazaron nuevas fronteras. En una sola guerra, México perdió más de la mitad de sus tierras. Polk refrendó el tratado y lo envió al Congreso para su aprobación final. Fue aprobado por 34 votos a favor y 14 en contra en marzo de 1848.

Hubo una sensación de victoria en EE. UU. tras la culminación de lo que creía que era el inevitable Destino manifiesto. Sin embargo, los resultados de la guerra ampliaron aún más la división entre los abolicionistas y los propietarios de esclavos. Aunque era inevitable que la cuestión de la esclavitud tuviera que resolverse, la adición de tanto territorio nuevo y la falta de capacidad para garantizar que la esclavitud no se extendiera en los territorios donde estaba prohibida forzarían una lucha que pronto se convirtió en una guerra abierta.

Capítulo 9 - El papel en la guerra civil

Texas había logrado finalmente lo que muchos de los colonos estadounidenses esperaban el 29 de diciembre de 1845. Si los colonos hubieran entendido mejor las tensiones en EE. UU., probablemente habrían decidido no solicitar su entrada como estado. Estados Unidos se movía en la misma dirección que México: la esclavitud se estaba volviendo rápidamente insostenible para la mayoría de los estadounidenses. Aunque Texas se situaba firmemente en el lado pro-esclavista, el Sur era significativamente superado por el Norte en términos de población.

Los temores de los congresistas estadounidenses que querían evitar la anexión de Texas por el desequilibrio que probablemente causaría en los disturbios actuales resultaron ser fundados en 1861. Muchos tejanos estaban mucho más dispuestos a encontrar una solución pacífica con los estados del norte que con México, pero no estaban dispuestos a transigir cuando se trataba de conservar sus esclavos. Había otras preocupaciones, como el miedo a que los norteños impusieran sus puntos de vista a los estados del sur, pero en última instancia fue el miedo de los esclavistas lo que llevó a Texas a unirse a los demás estados del sur para separarse de la nación a la que se habían unido menos de dos décadas antes. Aunque las principales batallas tuvieron lugar en los estados del este, Texas tuvo un papel importante en la guerra civil estadounidense.

La elección de Abraham Lincoln y la Convención de Texas para abordar la secesión

Muchos de los estados del sur estaban inquietos por la elección de Abraham Lincoln a la presidencia. En noviembre de 1860, Sam Houston era el gobernador de Texas, y había trabajado duro para la anexión de Texas. A pesar de sus recelos por el rumbo que estaba tomando Estados Unidos, no estaba dispuesto a hacer nada que pusiera en peligro el lugar del estado en el país. Cuando los tejanos pidieron a su gobernador que celebrara una convención para discutir los próximos movimientos del estado, Houston se negó. Sabía que iban a discutir la posibilidad de la secesión, y no haría nada para apoyar tal acción. Cuando Carolina del Sur se separó en diciembre de 1860, otros estados del sur estaban celebrando sus propias convenciones para discutir la posibilidad de seguir el ejemplo de Carolina del Sur.

Un grupo de prominentes tejanos, entre ellos Oran M. Roberts, George M. Flournoy y John S. Ford, formaron un grupo para forzar la discusión. Querían celebrar una convención a principios de enero de 1861. Para frustrar la convención, Houston convocó una sesión legislativa especial que esperaba rechazara cualquier reconocimiento de la convención. La sesión se celebró, pero no fue como Houston esperaba. En lugar de rechazar el reconocimiento de la convención, la legislatura la aprobó con la estipulación de que el pueblo de Texas tendría una votación final sobre su resultado.

La convención comenzó el 28 de enero de 1861, reuniéndose irónicamente en Austin, Texas. Si Stephen Austin hubiera estado vivo, probablemente se habría opuesto, pero se reunían en la capital que llevaba su nombre para deshacer una de las últimas grandes luchas que había emprendido al unirse a los Estados Unidos. La mayoría de los asistentes a la convención estaban a favor de la secesión, y la ordenanza fue adoptada el 1 de febrero. La votación final a favor de la secesión fue de 166 a 8, y fue aprobada. Tras la aprobación de la secesión, la convención se reunió de nuevo para hacer la declaración final de que abandonaban los EE. UU. para unirse a los Estados Confederados de América.

Houston se negó a reconocer las decisiones de la convención y no quiso prestar juramento a lo que consideraba un giro ilegal y de traición a los Estados Unidos. En consecuencia, Houston fue depuesto como Gobernador. Entonces, el cargo fue ocupado por Edward Clark, el vicegobernador.

Lincoln juró su cargo el 4 de marzo de 1861, y para apoyar la resistencia de Houston a la secesión, le dijo al legendario líder que estaba dispuesto a enviar tropas a Texas. Sin embargo, el enfado de Houston por la secesión de Texas no significaba que estuviera dispuesto a incitar a la violencia dentro del estado. Para reducir la violencia y la amenaza de una guerra civil dentro del estado, Houston se retiró y se trasladó a Huntsville, Texas. No vivió para ver el final de la guerra, ya que murió en Huntsville en 1863, un año antes de que la guerra terminara.

Movimiento para tomar el control de las tierras y los suministros federales

Mientras la convención se preparaba para dar sus siguientes pasos, el comité envió tropas para sacar al ejército estadounidense de Texas. Las tropas confederadas fueron primero a enfrentarse al general de división David E. Twiggs, que comandaba las tropas estadounidenses en Texas. Rápidamente accedió a rendirse y a retirar a casi 3.000

soldados de la Unión que estaban trabajando en todo el estado, incluso en la frontera. Después de que los soldados de la Unión se fueran, las tropas confederadas ocuparon los numerosos refugios y fortificaciones alrededor de las fronteras del estado.

Aunque los soldados de Texas querían contribuir a la guerra, los tejanos comprendieron que no podían simplemente abandonar las fronteras. Si su pueblo quedaba desprotegido, el sentimiento podría cambiar fácilmente en contra de los elitistas que se centraban en luchar contra los EE. UU. en lugar de proteger a sus propios ciudadanos. Aunque poco más de 46.000 tejanos votaron a favor de la secesión, casi 15.000 personas habían votado en contra.

El estado tenía una gran población alemana que estaba muy en contra de la medida, y formaron lo que llegó a conocerse como la Liga de la Lealtad a la Unión. Su presencia, junto con la de los tejanos leales a EE. UU., era lo suficientemente importante como para que la violencia dentro del estado obligara al gobierno a declarar la ley marcial en las regiones con alta población leal. Otros trataron de abandonar Texas para vivir en EE. UU., sobre todo los que habían nacido en el norte y habían emigrado a Texas tras su anexión.

Los confederados se ensañaron con cualquier sentimiento o lealtad a la Unión. Por ejemplo, juzgaron y ejecutaron a la leal a EE. UU. Josefa "Chipita" Rodríguez, alegando sin pruebas que había matado a un viajero, John Savage. Los leales a la Unión que intentaban marcharse eran a menudo perseguidos y asesinados.

Cuando terminó el año, 25.000 tejanos se habían unido al incipiente Ejército de los Estados Confederados. Se estima que dos tercios eran soldados de caballería, en gran parte porque sus experiencias en la frontera los convirtieron en expertos jinetes.

La prolongada guerra

Inicialmente, la Confederación parecía ir muy bien contra la Unión. Sin embargo, al final fue una guerra de desgaste, con la mayoría de las batallas ocurriendo en los estados del sur. El fervor que sintieron los estados del sur al principio ayudó a reforzar varias victorias críticas. Sin embargo, en última instancia, la Confederación tuvo que ganar la guerra rápidamente para seguir siendo su propia nación. El ejército estadounidense no estaba tan familiarizado con las tierras en las que se libraban los combates, lo que supuso otra ventaja para la Confederación. A medida que la guerra se adentraba en un segundo y luego en un tercer año, se hizo evidente que la Unión tenía todas las ventajas críticas para llevar a cabo una guerra más larga. Tenían una población mucho mayor, lo que significaba que las tropas no se veían presionadas hasta los mismos límites que las confederadas. Los combates perpetuos obstaculizaron y luego empezaron a romper el entusiasmo que había impulsado al Sur al principio. El Norte también tenía una ventaja significativa en términos de recursos. La mayor parte de la producción manufacturera y de recursos de la nación se daba en el Norte, mientras que el Sur era predominantemente agrícola. Como muchas de las batallas se produjeron en el Sur, la producción de alimentos se vio interrumpida y las cosechas fueron destruidas, reduciendo incluso este recurso para el ejército sureño.

Texas no se vio tan afectado como los estados del sureste porque no era tan crítico como estados como Virginia y Georgia para ganar la guerra. Si los estados más importantes de la Confederación podían ser derribados, Texas no tendría más recurso que aceptar la derrota. Habría sido interesante ver qué habría pasado con Texas si no se hubiera unido a EE. UU. en 1845 o si se hubiera separado para convertirse en su propia nación en lugar de unirse al resto del Sur en la Confederación. Los Estados Unidos no habrían podido luchar tanto contra la Confederación como contra Texas, lo que habría dado a Texas cuatro años para fortalecerse contra la guerra con los Estados Unidos. No se sabe si los EE. UU. habrían estado dispuestos a volver a entrar en otra guerra después de cuatro años de lucha contra la Confederación.

Como Texas se vinculó a la Confederación, no era inmune a los ataques de los soldados de la Unión. Se calcula que entre 70.000 y 90.000 tejanos se alistaron en el ejército confederado a lo largo de los años. Al menos treinta y siete tejanos desempeñaron también papeles destacados en el Ejército Confederado. Las dos únicas batallas importantes después de la secesión de Texas en las que no participaron tejanos fueron First Manassas y Chancellorsville.

Una población que había crecido desde la Revolución de Texas eran los mexicano-americanos. Los mexicanos se habían unido a los colonos estadounidenses durante esa guerra, y muchos mexicanos huyeron de la agitación política y la incertidumbre de México, eligiendo vivir en Texas. A menudo eran objeto de un racismo extremo, incluso por parte de las fuerzas del orden de los Rangers de Texas. Con una gran población de estadounidenses de origen mexicano que no estaba dispuesta a abandonar los EE. UU. para convertirse en una nación que intentaba perpetuar el racismo institucional a través de la esclavitud, pronto se produjeron importantes peleas entre tejanos y estadounidenses de origen mexicano. Ambos bandos trataron de reclutar a la gran población mexicano-estadounidense. Como muchos estadounidenses se habían casado con mexicanos, las líneas no estaban tan bien establecidas, y unos 2.550 estadounidenses de origen mexicano decidieron ayudar a la Confederación. Sin embargo, casi 1.000 se unieron a la Unión, un porcentaje mucho mayor que el de cualquier otro grupo demográfico que no estaba satisfecho con la salida de Texas de los EE. UU.

La mayoría de los soldados tejanos permanecieron en Texas para luchar contra los soldados de la Unión que intentaban infiltrarse en Texas. Una de las razones por las que tantos soldados permanecieron en Texas fue que la Unión no era el único enemigo al que se enfrentaban los tejanos. Aunque su número se había reducido considerablemente, todavía había muchos nativos americanos que aprovechaban la guerra civil para atacar a los colonos en la frontera, sobre todo los comanches. Los mexicanos también aprovecharon la guerra civil para atacar los asentamientos y pueblos del sur del estado.

El oeste de Texas se convirtió en un lugar de refugio para los desertores de ambos bandos de la guerra, los forajidos y los colonos que buscaban protección tras abandonar sus hogares a causa de las incursiones de los nativos americanos. Esta extraña combinación de diferentes grupos de personas fue una de las principales razones por las que Texas se asocia con el salvaje Oeste. Como la presencia militar en la parte occidental del estado era escasa, estos grupos crearon su propio conjunto de leyes (o no hicieron ninguna), y la anarquía era rampante. A Texas le resultaba imposible proteger una zona tan extensa, así que optó por luchar contra la Unión al norte y al este, y contra los mexicanos al sur. El oeste fue abandonado en gran medida a su suerte y se convirtió en una región en la que muchos forajidos establecieron su hogar.

A pesar de la falta de protección real del ejército de Texas en el oeste, la Confederación quería expandirse hacia el oeste, al menos al principio de la guerra. Inicialmente, la Confederación tuvo éxito, ya que los Estados Unidos no tenían una presencia militar adecuada en estos territorios. Los tejanos lograron cierto éxito al introducirse en el territorio de Nuevo México, que formaba parte de la Unión. Esta victoria fue rápidamente obstaculizada, y luego sofocada, cuando los EE. UU. tomaron el control de las cadenas de suministro. La Unión también movilizó a los soldados situados en California, lo que provocó la retirada de la Confederación de las regiones del oeste que habían reclamado.

Otro problema al que se enfrentaba Texas y que no tenían los demás estados del sur era la escasez de ferrocarriles. Al ser un estado masivo que todavía era nuevo en los Estados Unidos, no había habido tiempo suficiente para construir los tipos de sistemas ferroviarios intrincados que se necesitaban para abastecer a los diferentes puestos de avanzada. Tener que depender de las diligencias resultó rápidamente problemático para los confederados de Texas, ya que la Unión podía interrumpir y detener fácilmente sus cadenas de suministro. Mantener sus puertos abiertos en el golfo de México era importante y, en un principio, Texas tuvo éxito en este aspecto. Luego, los Estados Unidos enviaron barcos superiores y mejor equipados para tomar el control del crítico puerto de Galveston, Texas —el mayor puerto marítimo de Texas—, que necesitaban para los suministros que llegaban de otros estados y naciones confederadas. La Unión consiguió hacerse con el control del puerto en octubre de 1862, pero los confederados lo reconquistaron justo después del día de Año Nuevo de 1863. A pesar del éxito de la Confederación en la recuperación de Galveston, la Unión había establecido y mantenido un bloqueo, que se hacía más fuerte cada mes. Al principio, el bloqueo no parecía tener mucho éxito, ya que los barcos se colaban varias veces por semana. Pero, a medida que la Unión fue desgastando a los demás estados del sur, pudo concentrarse más en la costa del golfo para impedir que los suministros circularan libremente.

Irónicamente, Texas acabó recurriendo a México en busca de recursos. Con las tensiones aún muy elevadas (no habían pasado ni veinte años desde la revolución), los tejanos recurrieron al contrabando de mercancías a través de la frontera, ya que México no tenía motivos para proporcionarles ninguna ayuda sustancial. Aun así, México estaba dispuesto a comerciar con el algodón, y no estaba de más que México ayudara a ambos bandos. Después de todo, tenían tantas razones para aborrecer a Estados Unidos como a Texas. Mantener la lucha podría proporcionarles recursos adicionales y debilitar a sus vecinos del norte.

Cuanto más se prolongaba la guerra, más cambiaba la vida cotidiana en Texas, incluso en las zonas alejadas del conflicto con México y los nativos americanos. La producción de alimentos se racionaba cada vez más porque una gran parte se necesitaba para los soldados. Los esclavistas también se trasladaron de otros estados a

Texas, que vio aumentar el número de esclavos de 182.000 a 230.000, en gran medida porque Texas se vio mucho menos afectada por la guerra que los demás estados. Esto puso a los afroamericanos libres en peligro porque los propietarios de esclavos no respetaban el hecho de que fueran libres y a menudo los obligaban a convertirse en esclavos. Como resultado, muchos abandonaron el estado.

El fin de la guerra

Texas aportó muchos soldados para luchar contra la Unión, pero en última instancia, la Confederación no podía ganar una guerra larga. Su única esperanza real de ganar era ganar rápidamente. El 9 de abril de 1865, el general Robert E. Lee firmó la rendición confederada, y al mes siguiente se produjo la rendición de otros departamentos confederados.

Cuando quedó claro que la guerra estaba terminando, el gobernador de Texas Pendleton Murrah trató de facilitar la transición emitiendo tres proclamas diferentes:

1. Ordenó a todos los funcionarios civiles de Texas que mantuvieran el control de toda la propiedad pública.
2. Solicitó una sesión legislativa especial.
3. Convocó la elección de nuevos delegados para una nueva convención.

Desgraciadamente, sus proclamaciones fueron demasiado escasas y tardías. Los soldados confederados ya habían comenzado a disolverse porque no habían recibido su paga durante meses, y estaba claro que no iban a recibirla. Al marcharse, los soldados se llevaron todo lo que pudieron. El caos y el desorden se extendieron rápidamente, ya que los soldados empezaron a seguir sus instintos básicos de supervivencia por encima de todo.

Sin embargo, esta no era la mayor preocupación para hombres como Murrah. Aquellos que habían servido en posiciones prominentes en la Confederación se enfrentaban a graves cargos y repercusiones por traición al terminar la guerra. Optando por huir en lugar de afrontar las consecuencias, muchas de las personas más prominentes de Texas abandonaron el estado para salvarse. Esto significaba que había muy pocos líderes en el estado en un momento en que los necesitaba desesperadamente. Tras el asesinato del presidente Lincoln en abril de 1865, el presidente Andrew Johnson se enfrentó a tener que ayudar a reconstruir todos los estados del sur mientras intentaba establecerse como líder. Johnson finalmente nombró un nuevo gobierno para el estado de Texas en junio, y eligió a A. J. Hamilton, un antiguo congresista de Texas en la legislatura estadounidense. Hasta la llegada de Hamilton, un soldado de la Unión, el general Granger, supervisaba Texas, y una de sus primeras acciones fue declarar que los esclavos de Texas eran ahora libres. Hoy en día, Texas sigue celebrando el 19 de junio como el Día de la Emancipación.

Una de las primeras cosas que hizo el gobernador Hamilton fue convocar a todos los hombres leales a una convención en Austin para discutir el futuro del estado. Basado en lo que el presidente Johnson había instruido, Hamilton buscaba establecer un nuevo gobierno lo más rápido posible y restaurar la relación entre el estado y el gobierno federal. A Texas no se le permitiría gobernarse a sí misma durante casi una década.

Capítulo 10 - Reconstrucción

Por primera vez, el pueblo de Texas perdió su apuesta por algo que quería, demostrando lo diferente que era ser parte de los EE. UU. en comparación con ser parte de México. Los EE. UU. eran más antiguos, estaban mejor establecidos, e incluso durante la guerra civil, habían establecido acuerdos con otras naciones que les ayudaron a avanzar. Ahora esas mismas personas eran las responsables del futuro del estado. Texas había perdido a sus héroes de la Revolución de Texas, y los que les habían empujado a la secesión habían huido. Aunque el gobernador Hamilton había representado a Texas en el Congreso de los Estados Unidos, se podía considerar que estaba desconectado del estado tras cuatro años de guerra.

Al igual que el resto de los antiguos estados confederados, Texas experimentó un grave trastorno económico y un cambio en su mano de obra. Las plantaciones y los rancheros ya no disponían de mano de obra gratuita, y se temía el resentimiento que podría producirse ahora que los afroamericanos eran libres. Las personas que antes habían dominado el estado se encontraron con mucho menos poder. El estado tuvo que aprender a evolucionar y navegar por un futuro incierto.

Llegada de las fuerzas estadounidenses

Con el fin de la guerra, Estados Unidos comenzó a enviar tropas a los estados del sur, lo que significaba que los recientes enemigos de Texas controlaban el estado. Las fuerzas comenzaron a llegar en mayo de 1865, incomodando a los tejanos. Cada uno de los comandantes que entraron en el estado tenía su propia idea de lo que debían hacer en Texas, aunque la mayoría de ellos creía que su primer trabajo era garantizar la libertad de los antiguos esclavos y asegurarse de que no se violaran sus derechos. También existía un fuerte sentimiento de que el pueblo de Texas debía permanecer bajo control militar hasta que demostrara que volvía a ser leal a los Estados Unidos. Los comandantes no se pusieron de acuerdo sobre lo que demostraría que la gente era leal, lo que podría haber llevado a décadas de ocupación militar. Está claro que esto no haría que la gente se sintiera como parte del país, sino más bien como prisioneros de EE. UU. Afortunadamente, el ejército estadounidense no podía destinar numerosos soldados a un solo estado durante mucho tiempo, por lo que los temores de que los militares interfirieran en la economía de Texas resultarían infundados.

Inicialmente, se enviaron 51.000 soldados a Texas, pero un año después del final de la guerra, ese número disminuyó a 3.000. Al igual que antes de la guerra, muchos de esos soldados fueron destinados cerca de la frontera para proteger a la población de las mismas amenazas que habían sufrido por parte de los nativos americanos y los asaltantes mexicanos. El ejército no pudo promulgar muchos cambios en todo el estado porque simplemente no tenía el número necesario para hacer cumplir las leyes.

La fundación de la Oficina de Hombres Libres y los intereses expresados por los antiguos esclavos

De mayor preocupación para la antigua estructura de poder en Texas fue la creación de la Oficina de Refugiados, Liberados y Tierras Abandonadas, más conocida como la Oficina de Liberados. La Oficina se formó bajo el control del mayor general Edgar M. Gregory. A partir de septiembre de 1865, la Oficina gestionó la supervisión de cualquier acontecimiento o acción que tuviera que ver con los libertos, los refugiados y las tierras que habían sido abandonadas, generalmente por los funcionarios o representantes confederados que huyeron. Su tarea más importante y que requería mucho tiempo era asegurar que los antiguos esclavos pudieran hacer la transición a la vida como hombres libres. Gregory demostró rápidamente que adoptaría un enfoque mucho más conservador en cuanto a la forma en que esto debía ocurrir, facilitando que las familias tejanas más antiguas se sintieran cómodas con sus acciones. Su enfoque solía consistir en obligar a los antiguos esclavos a volver a las tierras que habían trabajado anteriormente y a retomar el mismo trabajo que habían hecho antes. Para mantenerlos en estas tierras, el Bureau a menudo obligaba a los antiguos esclavos a firmar contratos que les obligaban a trabajar allí con un salario estipulado. Para los antiguos esclavos era casi imposible luchar contra esto, ya que no tenían forma de adquirir tierras por su cuenta. Al igual que hicieron cuando México prohibió los esclavos, los propietarios de plantaciones y ranchos utilizaron la servidumbre por deudas para hacer casi imposible que la mayoría de los esclavos se marcharan porque no se les pagaba lo suficiente. Esencialmente, tendrían que pagar por los lugares en los que habían sido obligados a vivir como esclavos, lo que les dejaría poco o ningún dinero de los salarios que ganaban.

Los tejanos acabaron satisfechos con la forma en que Gregory se aseguró de que hubiera muchos trabajadores y de que hubiera un impacto económico mínimo en los ricos terratenientes. Lo que implementó que molestó a muchos tejanos blancos fue el esfuerzo por educar a los antiguos esclavos. Los tejanos blancos se enfadaron aún más por lo que consideraban una injerencia en el trato que sus sistemas judiciales daban a los afroamericanos. Estas críticas eran comunes, pero la realidad era probablemente mucho menos impactante de lo que las quejas implicaban. El gobierno estadounidense no disponía de fondos suficientes para proporcionar una educación sustancial a los recién liberados, ni tenía personal suficiente para proteger de forma significativa a los libertos. Es probable que los tejanos se quejaran simplemente porque creían que su poder se había reducido, no por ningún cambio notable. La gente estaba más preocupada por los posibles cambios en el statu quo que por lo que se había conseguido durante los dos primeros años.

La mayor amenaza provenía de los propios libertos. Tras haber obtenido la libertad, los antiguos esclavos querían tener las mismas oportunidades que sus homólogos blancos. Desde la presión por la educación hasta el deseo de controlar su propio horario de trabajo, los esclavos liberados presionaban para que se garantizaran los derechos de todas las personas en Estados Unidos. Esta era la amenaza más evidente para los antiguos propietarios de esclavos, así como para aquellos que nunca habían tenido suficiente dinero para poseerlos. Los libertos podían trabajar por menos, o eso se pensaba, lo que significaba que a los blancos les resultaría más difícil encontrar trabajo. El hecho de que los libertos quisieran controlar sus horarios y condiciones de vida se consideraba una carga para quienes solían ser dueños y controlar todos los aspectos de la vida de sus esclavos. Los tejanos blancos empezaron a oponerse abiertamente al impulso de mejorar la vida de los antiguos esclavos, recurriendo a menudo a las amenazas o a la violencia. En respuesta, los libertos exigieron que EE. UU. proporcionara protección legal contra los infractores. Iniciaron un esfuerzo coordinado para solicitar protección, reuniéndose en

Austin el 10 de marzo de 1866. La conferencia dio como resultado que los representantes exigieran la protección del voto y que el estado proporcionara tierras públicas para la educación. A partir de esta reunión, se formó la Austin Freedman's Society, que se convertiría en el núcleo del Partido Republicano Afroamericano.

Un comienzo falso en el regreso a los EE. UU. como estado

El presidente Johnson estableció las reglas que permitirían a los estados confederados regresar a los Estados Unidos. Todos los estados fueron puestos bajo el control de un gobernador designado que supervisaría el progreso de los estados en el cumplimiento de esos requisitos. El trabajo inicial de los gobernadores tenía tres partes: los gobernadores se aseguraron de que el acta de secesión aplicada en todos los estados del sur fuera anulada, iniciaron y aplicaron la abolición de la esclavitud y repudiaron la deuda acumulada por todos los estados confederados.

En su mayor parte, la forma en que los gobernadores aplicaron los cambios tenía por objeto ayudar a restaurar las legislaturas de los estados. Se celebraron convenciones, y los delegados que participaron debían prestar el juramento de amnistía. Solo los votantes que también habían prestado el juramento podían elegir a los delegados. Estos ratificaban las decisiones aprobadas por los delegados durante la convención y podían elegir a su propio gobernador, su legislatura y sus funcionarios. Una vez repoblados por representantes que habían jurado ser leales a los Estados Unidos, las legislaturas estatales tendrían que ratificar la 13ª Enmienda, que abolía la esclavitud en los Estados Unidos.

Con la llegada del gobernador Hamilton, muchos de los partidarios de la Unión regresaron al estado o se encontraron en una posición de control. Esta era una de las intenciones detrás de los requisitos para la restauración de la condición de estado: el presidente buscaba evitar que los antiguos líderes de la época anterior a la guerra tuvieran algo que decir en la dirección que tomarían sus estados. El presidente y otros dirigentes estadounidenses sabían que permitir que los líderes de la época anterior a la guerra siguieran teniendo voz no solo pondría en peligro el regreso de los estados a la Unión, sino que también impediría la abolición total de la esclavitud. Su exclusión del poder garantizaba un mínimo de problemas en el restablecimiento de los estados en EE. UU.

Hamilton no fue tan eficaz como algunos de los otros gobernadores designados, y no pudo evitar que los líderes anteriores obtuvieran un poder considerable dentro de Texas. En las elecciones del 8 de enero de 1866 se reanudó en gran medida la antigua dinámica de poder del estado. Esto fue posible porque estos líderes no habían perdido gran parte de su control económico sobre los estados y habían impedido que otros ascendieran al poder. Cuando se celebró la convención de Texas en febrero de 1866, muchos de los líderes eran los mismos que habían acordado la secesión. Por ello, se hicieron muchas más concesiones entre los dos bandos. Al final, Texas solo hizo lo mínimo para volver a los Estados Unidos como estado. La convención aprobó rápidamente muchas de las leyes promulgadas durante la guerra que no violaban directamente la Constitución estadounidense.

Forzando la salida de los líderes antebellum

El problema del regreso de Texas a EE. UU. se hizo evidente cuando la legislatura texana se negó a ratificar la 13ª o la 14ª Enmienda. Para insultar aún más los requisitos, la legislatura aprobó lo que se llamó "códigos negros" que dictaban cómo podían trabajar los libertos dentro del estado, dando la mayor parte del control a los líderes antebellum. Los unionistas del estado no tardaron en decidir que los gobernantes no solo no se arrepentían de la guerra que habían provocado, sino que estaban decididos a no cumplir los requisitos para volver al país. En consecuencia, no se permitió a ninguno de los funcionarios elegidos asumir sus funciones en Washington, D.C.

Tampoco fue Texas el único estado que demostró no haber aprendido casi nada de la guerra civil.

Debido a las dificultades encontradas durante los primeros años después de la guerra civil, el Congreso estadounidense aprobó la primera Ley de Reconstrucción. Esta exigía que los estados que se habían separado de la Unión fueran divididos en diferentes distritos militares controlados por el ejército estadounidense. Según esta nueva ley, Texas formaba parte del Quinto Distrito Militar. El gobernador James Throckmorton fue destituido por el general Griffin, que pasó a dirigir el distrito en marzo de 1867. Griffin murió unos meses después a causa de la epidemia de fiebre amarilla y fue sucedido por Joseph Reynolds. Reynolds impulsó la implementación de las reformas que Griffin había pretendido hacer, incluyendo varias órdenes especiales que destituyeron a muchos de los funcionarios estatales elegidos de sus cargos —incluyendo a más de 400 funcionarios del condado, los funcionarios de la ciudad que fueron elegidos en San Antonio y la mayoría de los funcionarios de Austin. Reynolds nombró a personas en las que confiaba o que se sabía que eran leales a los EE. UU. y que habían completado el "Juramento de prueba de los acorazados" del Congreso, que exigía a los funcionarios jurar que nunca habían tomado las armas contra los EE. UU. Esto excluía a casi todos los líderes de la época anterior a la guerra, asegurando que no pudieran volver al poder. Teniendo en cuenta el tamaño del estado, a Reynolds le resultaba casi imposible supervisar todos los cargos, por lo que encargó a otros la gestión de los puestos a nivel local. Los funcionarios que no pudieran pasar la prueba serían considerados incapaces de ocupar sus cargos. A partir del 25 de abril de 1869, todos los puestos ocupados por personal no cualificado se consideraron vacantes.

La primera Ley de Reconstrucción estableció otros pasos que todos los antiguos estados confederados debían seguir antes de poder enviar representantes al gobierno de los Estados Unidos. Se celebró otra convención y se decidió que los únicos individuos que no podían ser funcionarios eran las mujeres y los delincuentes. Cualquier hombre que tuviera al menos veintiún años y no hubiera sido condenado por un delito grave podía ser delegado, incluso un antiguo esclavo. La convención dictaría la redacción de una nueva constitución para cada uno de los antiguos estados confederados, y cada estado tendría que ratificar las enmiendas 13 y 14. Solo entonces el Congreso de Estados Unidos consideraría la readmisión de ese estado en la Unión.

Los conservadores de Texas decidieron no votar, con la esperanza de negar un voto mayoritario para lo que estaba por venir. Debido a su negativa a votar (aunque muchos se habían registrado), los republicanos radicales obtuvieron fácilmente la mayoría. La convención se celebró del 1 de junio de 1868 a febrero de 1869.

Mientras que la mayoría de los antiguos estados confederados tuvieron que enfrentarse a oportunistas que utilizaron la devastación de la guerra para enriquecerse durante la reconstrucción, Texas tuvo un problema en gran medida único. Debido a la gran extensión del estado, la anarquía era un problema importante, excepto en las principales ciudades y pueblos grandes. Había muchos forajidos que podían escapar fácilmente de las leyes mientras el estado intentaba redactar una nueva constitución. Este sería un problema residual mucho después de que Texas volviera a la Unión.

Capítulo 11 - Los Rangers de Texas - Uno de los organismos policiales más ilustres

Cuando Moses Morrison pidió voluntarios para proteger a los colonos, no podía imaginar lo decisivo que llegaría a ser ese grupo, que con el tiempo se convertiría en la agencia policial conocida como los Texas Rangers. Desde sus humildes comienzos, los Rangers de Texas sufrirían muchos cambios, y no siempre para bien, hasta convertirse en una de las agencias más conocidas de Estados Unidos. Aunque no es la agencia policial más antigua (esa distinción corresponde al Servicio de Alguaciles de los Estados Unidos), los Rangers de Texas se han convertido en una de las instituciones más respetadas, y sus agentes ayudan incluso a otros estados a llevar a los delincuentes ante la justicia.

Función original de los Rangers

Los primeros Rangers de Texas no formaban parte de ninguna organización oficial. Voluntarios que acudieron a la llamada en 1823, se duplicaron cuando Austin decidió que se necesitaban más hombres. Con tanta gente diferente en la región, el grupo original de Rangers era tan diverso como las poblaciones que se asentaron en Texas. Había hombres de frontera que habían aprendido a vivir al margen de la sociedad, nativos americanos que conocían la región y la fauna y flora, y algunos miembros con considerables conocimientos de armas. Eran hábiles rastreadores, cazadores, jinetes y pistoleros. Modificaron las pistolas para fabricar armas que se adelantaron a su tiempo. Sin embargo, estos hombres trabajaban en gran medida por el bien común. La mayoría de las veces trabajaban bien juntos, y sus habilidades únicas hicieron del grupo de voluntarios uno de los protectores más eficaces de Texas.

Los Rangers seguirían desempeñando funciones similares a lo largo de los años, protegiendo a los colonos durante la guerra de la Independencia, así como intimidando a los mexicanos que mataban a los colonos. Aunque durante las primeras décadas su papel fue principalmente el de protectores y no el de agentes de la ley, esto cambiaría una vez que Texas se convirtiera en su propio país.

Creando sus propias reglas

Dado que la nueva nación de Texas tenía poca cohesión y pocas leyes, los Rangers de Texas empezaron a actuar según sus propias reglas. Su función principal era luchar contra las incursiones de los nativos americanos, pero pronto perdieron de vista eso, yendo en contra de las órdenes para expulsar a los nativos americanos de sus tierras. También adoptaban un enfoque muy agresivo contra los mexicanos, especialmente cuando descubrían complots en los que los bandidos pretendían sembrar el descontento en la nueva nación.

Con el tiempo, los Rangers se ganaron una reputación de protectores, y su agresividad contra otras poblaciones fue bien recibida, ya que se consideraba que protegían al pueblo. Tras la anexión de Texas a EE. UU., los Rangers se encontraron con menos mexicanos que trataban de sembrar la discordia y ya habían conseguido expulsar a los nativos americanos de las zonas cercanas a los asentamientos en la mayoría de los lugares.

Ahora había menos enemigos, pero los Rangers habían llegado a esperar cierto respeto y control allá donde iban y pronto empezaron a utilizar esas tácticas agresivas con los estadounidenses. Fue entonces cuando la mayoría de la gente empezó a volverse contra los Rangers. Si bien el sentimiento había ido creciendo a finales del siglo XIX, a principios del siglo XX la mayoría de los ciudadanos tenían una opinión mucho más negativa de los Rangers de Texas. Durante las siguientes décadas, el grupo fue visto como una amenaza creciente debido a sus actitudes arrogantes y su falta de respeto por las leyes. Los tejanos empezaron a criticarles por recurrir a la violencia antes que a la negociación, una táctica que los Rangers habían utilizado durante décadas sin ser cuestionados, hasta que la utilizaron contra los tejanos.

Se necesitarían varias décadas más (más o menos en la época de la Segunda Guerra Mundial) y unos cuantos miembros de gran reputación para que los Rangers recuperaran finalmente un lugar de honor y respeto.

Un notable historial contra delincuentes notorios

Parte de la pérdida de respeto hacia los Rangers era injustificada, en parte porque perseguían a criminales que eran considerados héroes. Uno de los criminales más notables que capturaron fue Sam Bass, un bandido que actuó durante la década de 1880. La gente lo quería porque él y sus forajidos tenían como objetivo a los ricos, y a menudo gastaba su dinero libremente con las clases bajas. Por ello, la gente se enfadó cuando los Rangers finalmente atraparon a Bass en julio de 1887. Durante un tiroteo, él y sus hombres consiguieron escapar, pero Bass fue abatido por uno de los Rangers. Bass moriría al día siguiente, el 21 de julio de 1887, mientras estaba bajo custodia de los Rangers. Esto demostró a la legislatura de Texas que los Rangers seguían siendo una fuerza formidable y necesaria. Los Rangers se ganaron inicialmente el respeto de los políticos, incluso si la gente no estaba contenta con la forma en que los Rangers habían actuado. Aunque Sam Bass era considerado un héroe, su banda no había matado solo a los ricos o a los que protegían su dinero: también habían muerto civiles. El uso de la fuerza por parte de los Rangers podía justificarse porque Bass y sus hombres solían disparar en cuanto sabían que las fuerzas del orden los habían encontrado.

El siguiente criminal infame al que los Rangers siguieron la pista fue John Wesley Hardin. Lograron capturarlo, pero el sistema legal permitió que este notorio criminal y asesino fuera liberado bajo la apariencia de estar rehabilitado. Luego se convirtió en un abogado que contrató a otros para que mataran por él. Los Rangers no volvieron a seguirle la pista, en gran parte porque Hardin se descuidó después de "enderezarse". Cuando no pagó a uno de sus asesinos, este lo mató en un bar. Los Rangers no lo habían matado, pero habían hecho todo lo posible para controlar a este peligroso criminal que no contaba con el apoyo del pueblo.

Los criminales más conocidos que los Rangers abatieron fueron Bonnie Elizabeth Parker y Clyde Champion Barrow, más conocidos hoy como Bonnie y Clyde. Al igual que Bass, eran criminales que eran héroes para el pueblo. Bonnie y Clyde no ayudaron al pueblo, sino que actuaron durante la Gran Depresión. Su capacidad de robar a los ricos para mejorar su propia situación era admirada por los que no tenían forma de ganarse la vida. Cuando fueron emboscados y asesinados el 23 de mayo de 1934, su muerte fue recibida con una mezcla de tristeza e interés. Puede que no hubieran ayudado al pueblo, pero hicieron algo para mejorar su propia suerte. Algunos civiles murieron por su culpa, y en parte por eso no se les lloró como se lloró a Bass. Su notoriedad se asemeja hoy a la de los asesinos en serie: sus acciones se consideran incorrectas e inmorales, pero la gente no puede evitar sentirse fascinada por ellos.

Estos son algunos de los casos más notables que los Rangers ayudaron a resolver, demostrando que se habían convertido en una agencia respetuosa con la ley que podía realizar trabajos difíciles. Hoy en día son una agencia muy respetada que está a la vanguardia de las agencias policiales de Estados Unidos. Ayudan a otros organismos de todo el país a resolver casos y a revisar casos sin resolver a medida que evolucionan las nuevas tecnologías. Uno de los casos más notables que ayudaron a resolver recientemente fue el asesinato de Irene Garza en abril de 1960. Aunque tardaron más de 50 años, los Rangers pudieron finalmente demostrar que fue asesinada por un sacerdote jubilado en 2016. Sobre la base de las pruebas presentadas por los Rangers y otros miembros de las fuerzas del orden, el padre John Feit fue declarado culpable de su asesinato y condenado a cadena perpetua. Esto probablemente no habría sido posible sin la dedicación de los Rangers y la revisión constante de las pruebas y las técnicas forenses para que finalmente se hiciera justicia.

Capítulo 12 - Té de Texas - El auge del petróleo en Texas

Mientras el estado se recuperaba de la devastación económica de la guerra civil, se produjo un descubrimiento que atrajo a miles de personas a la caza de riquezas. El estado no era rico en oro, pero a finales del siglo XIX, había un recurso que había llegado a ser más valioso para los estadounidenses que el oro: Texas era rico en petróleo. El descubrimiento en la pequeña ciudad de Corsicana la transformaría rápidamente en un importante centro industrial. Aunque el petróleo se había encontrado en el condado de Nacogdoches en 1866, el hallazgo en Corsicana empezaría a cambiar la economía de todo el estado.

Un hallazgo accidental

Cuando la American Well and Prospecting Company comenzó a perforar en Corsicana, estaba interesada en encontrar agua. En lugar de encontrar agua el 9 de junio de 1894, encontraron petróleo. El Ayuntamiento de Corsicana, que los había contratado, solo pagó la mitad de la tarifa acordada porque la empresa no había encontrado el agua que necesitaba.

La producción inicial llenó dos barriles y medio al día, lo que fue suficiente para atraer mucha atención a la región. Los buscadores de petróleo empezaron a perforar otros pozos, con la esperanza de encontrar los ricos yacimientos sugeridos por el hallazgo inicial. El segundo pozo acabó seco, pero el siguiente, perforado en mayo de 1896, proporcionó un rendimiento mucho mayor que el primero, llenando más de veinte barriles diarios. Unos seis meses después, se habían perforado cuarenta y siete pozos, que producían casi 66.000 barriles diarios. Para manejar mejor la inesperada cantidad de petróleo, en 1897 se construyó la primera refinería de petróleo de Texas. Esto aumentó significativamente la cantidad de petróleo que se podía extraer de la tierra, y 287 pozos aseguraron que la refinería permaneciera ocupada durante las siguientes décadas.

La American Well Prospecting Company comenzó a centrarse en la extracción de petróleo, haciendo ricos a sus propietarios tanto con el petróleo que ponían en los barriles como con la tecnología que idearon para perforar mejor el petróleo. Al ver que otros llegaban a la ciudad con la esperanza de encontrar petróleo, la empresa creó un negocio complementario que reparaba los dispositivos utilizados para bombear el petróleo. La empresa se benefició de la producción de petróleo y de sus conocimientos únicos sobre el perforado (conocimientos que no estaban tan extendidos, ya que el único otro lugar donde se extraía petróleo y gas con tanto furor era en Pensilvania). La empresa también desarrolló la plataforma de perforación rotativa hidráulica y obtuvo los derechos del invento en 1900. Esta sería la plataforma que se utilizó para un descubrimiento de petróleo mucho mayor en 1901.

Con el descubrimiento de petróleo, Corsicana experimentó un boom y una afluencia de riqueza financiera. En 1905 se construyó un nuevo juzgado y en 1917 se creó la cámara de comercio.

El pozo de petróleo de Lucas

El primer gran hallazgo de petróleo se produjo en Corsicana, pero fue Spindletop el que provocaría el mayor auge del petróleo en Texas. El 10 de enero de 1901, el ingeniero de minas capitán A. F. Lucas estaba perforando en Spindletop cuando el suelo tembló, seguido de una erupción en el lugar de la perforación. El petróleo brotó en el aire como un volcán en explosión, pero con líquido negro en lugar de lava. Fue imposible detener esta efusión, y miles de barriles fueron lanzados al aire y vertidos sobre el suelo antes de que los ingenieros pudieran finalmente detener el flujo. Esta dramática erupción atrajo mucha atención de todo el país, convenciendo a muchos de que había una posibilidad real de hacerse rico perforando en Texas. El suceso se ha reproducido a menudo en el cine y la televisión por su increíble efecto visual.

El pozo de petróleo de Lucas aumentó significativamente la cantidad de petróleo que producía Texas, haciendo que el número total de barriles producidos al año pasara de algo menos de 840.000 a casi 4,4 millones de barriles a finales de 1901. En el transcurso de 1902, la pequeña región de Spindletop produjo más de 17,4 millones de barriles, lo que supuso más del 94% del petróleo producido en Texas ese año. También se redujo el coste del barril de petróleo a solo 0,03 dólares por barril.

Un segundo y tercer hallazgo en Corsicana

Como las perforaciones continuaron durante los siguientes quince años, la locura por el petróleo empezó a calmarse, ya que, basándose en la cantidad de petróleo de la región, parecía que la producción se había estabilizado. Entonces se encontró otro yacimiento en 1923, y provocó un frenesí. Durante esta época, conocida como los locos años 20, la mayor parte de Estados Unidos tenía una opinión positiva sobre la economía y mucha gente prosperaba. Viendo la oportunidad de mejorar su situación financiera, miles de personas acudieron a

Texas con la esperanza de hacerse ricos. El fervor y el impulso se asemejaban a los de las históricas campañas de búsqueda de oro que habían hecho que la gente desarraigara a sus familias y se dirigiera al oeste, pero se requería una inversión mucho mayor para perforar en busca de petróleo que para buscar oro.

La economía de Corsicana se basaba en la agricultura y el transporte marítimo, pero con cada auge, la ciudad cambió. Tras el primer gran auge del petróleo, la ciudad se expandió mucho más allá de cualquier expectativa. Al final del segundo boom, se había convertido en un centro industrial y de producción de petróleo en los Estados Unidos. Numerosos negocios crecieron en torno a la cantidad de personas que buscaban riquezas, en gran parte en detrimento de ellas, ya que los particulares no podían llegar a los mayores yacimientos.

Gracias a los dos grandes auges del petróleo, Corsicana se convirtió en la ciudad más rica de Texas. Según un periodista de 1956, en Corsicana residían más de veinte millonarios, la mayoría de los cuales habían hecho su fortuna gracias a los yacimientos de petróleo, ya fuera de forma directa o indirecta (haciendo reparaciones, vendiendo productos o construyendo en la zona). Ese mismo año se encontró un tercer yacimiento y se perforaron otros 500 pozos en los alrededores de Corsicana. Había tantas perforaciones y pozos que una persona describió la visión de Corsicana como si hubiera una perforación en el patio trasero de casi cada casa. A finales de la década de 1950, se habían recogido más de 125 millones de barriles de petróleo en Corsicana.

Los acontecimientos ocurridos a lo largo de sesenta años cambiaron significativamente la historia y la economía no solo de Corsicana, sino de todo Texas. Sin el primer descubrimiento de petróleo en la ciudad, la plataforma utilizada para el pozo de petróleo de Lucas probablemente habría sido menos eficiente, dando lugar a un hallazgo mucho menos dramático.

Los habitantes de Corsicana siguen celebrando su buena suerte cada año en el Festival Derrick Days.

El momento lo es todo

Una de las razones por las que Texas obtuvo tanta atención por sus yacimientos de petróleo fue el momento. Los nativos americanos conocían el petróleo siglos antes de la llegada de los europeos y lo utilizaban con fines medicinales (aunque no está del todo claro cómo lo utilizaban). Los exploradores españoles le daban varios usos, pero principalmente para tapar las fugas de sus barcos. Hasta el siglo XIX, el petróleo no se utilizó como combustible principal para el transporte. El motor de combustión se inventó a finales del siglo XVIII, pero la gente no se dio cuenta de todo su potencial hasta casi 100 años después, con la llegada de los primeros vehículos a motor que lo utilizaban. En 1886, ya se fabricaban vehículos con motores de combustión interna, y el potencial del petróleo para cambiar el mundo empezó a aumentar la demanda de esta sustancia.

Debido a que los vehículos a motor aún no eran algo que poseyera mucha gente, el potencial de este uso del petróleo no fue reconocido por la gente de Texas que había contratado a perforadores de pozos. Sin embargo, la American Well Prospecting Company que descubrió el petróleo era muy previsora para la época y sabía que podía obtener un beneficio considerable de lo que había encontrado. Si hubieran sacado petróleo unas décadas antes, el hallazgo habría sido ignorado, al igual que los primeros que sacaron petróleo en el condado de Nacogdoches. En última instancia, fue el momento del hallazgo el que cambió la trayectoria de la perforación en el estado.

Las perforaciones comenzarían a realizarse en muchos lugares de Texas. Algunas se centraban en la búsqueda de agua, pero muchas esperaban encontrar petróleo. Las perforaciones en alta mar comenzaron en 1908 cerca de la isla de Galveston, en la bahía de Galveston. Al principio, las perforaciones no tuvieron éxito y muchos se dieron por vencidos, dejando el campo abandonado. En 1916, se encontró un pozo en la región, y mucha gente se trasladó allí con la esperanza de que fuera tan rico en petróleo como Spindletop y Corsicana. Cuando la gente que gestionaba el rancho W. T. Waggoner intentó perforar en sus tierras del condado de Wichita en 1911, se encontró con petróleo. Este fue uno de los cuatro campos petrolíferos que se establecerían en la región. Pronto se descubrió petróleo en el campo de Ranger en 1917 y en el pueblo de Burkburnett en 1918. El boom del petróleo en Texas estaba en pleno apogeo a principios de los locos años 20, y debido a los cambios en la tecnología, la sustancia se volvió increíblemente valiosa.

Los mayores descubrimientos de petróleo se produjeron en la parte oriental del estado, en lo que se denomina el Campo Petrolífero del Este de Texas. El petróleo de la región fue encontrado en octubre de 1930 por C. M. Joiner. El descubrimiento fue totalmente inesperado, ya que los campos ya habían sido condenados por los geólogos contratados por las grandes compañías para encontrar petróleo. A raíz del hallazgo, muchas personas empezaron a luchar por el derecho a arrendar tierras allí. Ante el creciente interés por la zona, el gobernador de Texas, Ross Sterling, solicitó el despliegue de la Guardia Nacional en el campo para mantener el orden.

Sin embargo, no todos los hallazgos fueron positivos. Muchas personas gastaron más de lo que podían pagar con la esperanza de encontrar petróleo, solo para terminar en la quiebra. Hubo muchos individuos y empresas que vieron el fervor petrolero como una forma de estafar a quienes no sabían mucho sobre la extracción de petróleo. Esto se extendió a los mercados de valores, ya que el precio del barril se desestabilizó con los nuevos hallazgos.

Hoy en día existen instalaciones de producción de petróleo en más de quince estados americanos, pero Texas es el más conocido por esta industria debido a la cantidad de petróleo que ha producido. Texas sigue dependiendo en gran medida de la producción de petróleo para su economía.

Capítulo 13 - La carrera espacial

Una de las frases más citadas que provienen de Texas es la de "Houston, tenemos un problema". Estas palabras fueron pronunciadas por un astronauta estadounidense que llamaba por radio al cuartel general para tratar de obtener ayuda para resolver un problema crítico durante un viaje crucial a la Luna.

Houston se ha convertido en una de las principales sedes de la Administración Nacional de Aeronáutica y del Espacio de Estados Unidos, o NASA. La agencia se formó en respuesta al lanzamiento del Sputnik I por parte de la Unión Soviética, que fue el primer satélite artificial en alcanzar con éxito la atmósfera terrestre y orbitar alrededor del planeta. La Unión Soviética logró el lanzamiento exitoso de su satélite el 4 de octubre de 1957, y Estados Unidos respondió aprobando la Ley del Espacio el 8 de julio de 1958, y formando la NASA. Este fue el comienzo de la carrera espacial. Texas se convirtió en una pieza clave en los esfuerzos de EE. UU. por lograr el dominio del espacio.

La formación de la NASA y sus rápidos avances

En respuesta al satélite de la Unión Soviética, Estados Unidos formó la NASA utilizando las agencias gubernamentales existentes, incluido el Laboratorio de Propulsión a Chorro de California. Eisenhower y su administración temían que la Unión Soviética les llevara la delantera en cuanto a avances tecnológicos y consideraron que era necesario superar los primeros logros soviéticos. La agencia se reunió en octubre de 1958 con el objetivo principal de lanzar con éxito a un hombre al espacio y devolverlo ileso. Con su ventaja, la Unión Soviética lo consiguió primero cuando el cosmonauta Yuri Gagarin alcanzó la órbita terrestre en abril de 1961. Pero Estados Unidos no se quedó atrás, ya que Alan Shepard se convirtió en el primer astronauta en llegar al espacio en mayo de 1961. Permaneció en la atmósfera superior durante quince minutos. Menos de un año después, en febrero de 1962, John Glenn fue el primer estadounidense en entrar en la órbita terrestre (la misma hazaña que Gagarin).

Viendo que la Unión Soviética todavía iba un año por delante en su tecnología, el presidente John F. Kennedy anunció a los Estados Unidos que iniciaba el Programa Apolo, con el objetivo final de que un hombre pisara la Luna y regresara ileso.

Houston se convierte en el centro de los esfuerzos estadounidenses en la carrera espacial

Antes del anuncio de Kennedy, el inicio del programa Apolo ya estaba en marcha. Sabiendo que necesitaban una instalación dedicada, el administrador James E. Webb comenzó la búsqueda de un lugar para construir una instalación especializada, estableciendo los criterios necesarios para el éxito. Entre las necesidades más vitales para las nuevas instalaciones se consideraron las siguientes

1. La disponibilidad tanto de transporte por agua como de un aeropuerto avanzado para todo tipo de clima.
2. Una importante red de telecomunicaciones cerca de las instalaciones.
3. Un gran conjunto de apoyos potenciales, incluyendo una economía industrial bien establecida y el apoyo de contratistas.
4. Un clima templado para poder trabajar todo el año.

Houston reunía todas estas condiciones y contaba con el Depósito de Artillería de San Jacinto en sus proximidades. Este depósito ofrecía ventajas adicionales. Por ejemplo, su personal militar tenía muchas de las importantes autorizaciones de seguridad requeridas para el personal de la NASA ya resueltas, y los suministros se ajustaban más a lo que necesitarían (en comparación con un bloque comercial establecido). También había tres destacadas universidades estadounidenses en las cercanías, como Rice y Texas A&M. A finales de 1962, la construcción de las instalaciones ya estaba en marcha. Entre los primeros componentes terminados se encontraban las simulaciones y las operaciones para que los astronautas pudieran empezar a entrenarse para una experiencia que hasta ese momento era en gran medida una conjetura.

El centro de control de la misión se construyó en Houston y ha servido como el principal centro de operaciones para todas las misiones espaciales estadounidenses desde Géminis IV que han requerido pilotos humanos.

Las misiones Apolo

Las misiones no tripuladas comenzaron en febrero de 1966, pero el lanzamiento de humanos al espacio tuvo que ser pospuesto debido al trágico accidente en el que murieron tres astronautas en enero de 1967 mientras ensayaban para el lanzamiento. En octubre de 1968 se introdujeron cambios en el programa y se seleccionó una nueva tripulación. En primer lugar, se realizaron varios lanzamientos controlados por Houston sin ningún piloto a bordo. Los Apolo 7 a 10 fueron todos sin tripulación, mientras la NASA probaba y experimentaba con el equipo.

La tripulación fue finalmente lanzada con el objetivo de llegar a la Luna en julio de 1969. El Apolo 11 estaba en camino de dar la primera victoria a Estados Unidos en la carrera espacial. El 20 de julio, el módulo lunar llegó a la Luna, siendo Neil Armstrong la primera persona en caminar sobre su superficie. Edwin (Buzz) Aldrin le siguió unos minutos después.

La famosa llamada a Houston se produjo durante la misión Apolo 13, en abril de 1970. Uno de los tanques de oxígeno de la nave había explotado, dañando la nave y haciendo que fuera demasiado arriesgado para los astronautas alunizar. John L. (Jack) Swigert, el piloto del módulo de mando, llamó por radio al centro de control diciendo: "Houston. Hemos tenido un problema aquí", lo que es ligeramente diferente de lo que se cita comúnmente. A continuación, explicó el problema y, contra todo pronóstico, los ingenieros de Houston pudieron ayudar a los astronautas a realizar las reparaciones necesarias para regresar a la Tierra. En 1995 se estrenó una película basada en los hechos, que retrata una parte de lo que vivieron los hombres mientras se preguntaban si volverían con éxito a la Tierra.

Hubo varias misiones Apolo más, hasta el Apolo 17, que tuvieron éxito. La mayoría de ellas eran misiones de exploración en las que los astronautas traían rocas y polvo para su estudio. Las misiones llevaron a cabo una amplia gama de experimentos en la Luna, incluso golpeando pelotas de golf en la superficie y conduciendo buggies especialmente diseñados. Para comprender mejor la atmósfera y el entorno de la Luna, muchas de las misiones Apolo realizaron experimentos con el viento solar para ver cómo afectaría a los seres humanos, así como mediciones sismográficas para determinar qué parte de la superficie podía utilizarse.

El Apolo 17 fue la última misión del programa, y se completó en diciembre de 1972. Entre el Apolo 11 y el Apolo 17, una docena de estadounidenses se desplazaron por la Luna, estudiando lo que era posible tan lejos de casa. Seis de las misiones fueron un éxito, y solo el Apolo 13 fue un fracaso a causa del accidente. El último paseo por la Luna tuvo lugar el 14 de diciembre de 1972. Estados Unidos no ha enviado más astronautas a explorar la Luna, y ninguna otra nación ha logrado esta singular experiencia.

Capítulo 14 - El asesinato de JFK

Aunque ha habido muchos acontecimientos increíbles en Texas, uno de los más notables de la historia reciente fue un incidente que cambió la historia de Estados Unidos: el asesinato del 35º presidente estadounidense, John F. Kennedy (JFK). Han pasado casi sesenta años desde el 22 de noviembre de 1963, pero los efectos y el legado de ese día siguen arraigados en la memoria de muchos estadounidenses. También se ha convertido en uno de los acontecimientos más controvertidos de la historia, con numerosas teorías conspirativas formuladas para explicar lo que ocurrió aquel día en Dallas, Texas.

Preparando la candidatura a la reelección

Cuando se acercaba el final de 1963, el presidente John F. Kennedy empezaba a pensar en la reelección y estaba en proceso de iniciar su campaña. Su vicepresidente era Lyndon B. Johnson, un hombre de Texas. Durante la década de 1960, Texas siempre fue políticamente imprevisible: podían votar a un demócrata o a un republicano para la presidencia. Sabiendo que Texas era un estado clave, era importante que Kennedy pasara algún tiempo allí para convencer a los tejanos de que él seguía siendo la opción correcta para la presidencia. Aunque todavía no había declarado que se presentaría de nuevo al cargo de presidente, se daba por hecho que lo haría, y quería actuar.

Durante el viaje, Kennedy y su séquito recorrieron nueve estados a lo largo de una semana, incluido Texas. Ostensiblemente, el objetivo del viaje era destacar los esfuerzos del gobierno en la gestión de los recursos naturales y sus esfuerzos de conservación. Sin embargo, el verdadero propósito era promover a Kennedy como un presidente centrado en la educación, la seguridad nacional y la paz mundial. Después de todo, había ayudado a evitar una guerra nuclear durante la crisis de los misiles en Cuba.

Aproximadamente un mes después de su viaje por el país, Kennedy comenzó a hacer campaña más abiertamente, adoptando un enfoque estratégico al ir a Boston y Filadelfia. Comenzó a preparar una estrategia más larga el 12 de noviembre de 1963, y los dos estados que consideraba más críticos eran Texas y Florida. Para influir en los votantes, planeó visitar cada estado antes de que terminara el mes. La siguiente parada en su camino era Dallas, Texas. Para demostrar que era un hombre de familia, su esposa le acompañaría a Texas. La Sra. Jacqueline Kennedy había estado alejada del ojo público durante varios meses después de que ella y su marido hubieran perdido un bebé en agosto. Este iba a ser su primer regreso a la campaña electoral, y debía ser una oportunidad para ayudarla mientras apoyaba sus ambiciones políticas.

Su presencia en Texas también pretendía proporcionar cierta unidad dentro del Partido Demócrata, ya que los líderes del partido en Texas estaban divididos. En octubre, el embajador de las Naciones Unidas, Adlai Stevenson, fue atacado en Dallas, por lo que Kennedy sintió que su presencia era necesaria para ayudar a calmar a la gente de Texas, especialmente en Dallas. Johnson visitó la ciudad justo antes que Kennedy, esencialmente alentando a la gente de su estado para la llegada del presidente. Su primera parada fue en San Antonio, y luego en Houston. A continuación, el presidente y su séquito cenaron en Fort Worth con el congresista Albert Thomas para impulsar a este en el estado.

22 y 24 de noviembre de 1963

Los Kennedy se despertaron en un hotel de Fort Worth. Afuera caía una llovizna constante que no disuadió a una multitud de miles de personas de formarse en el aparcamiento para ver a la primera familia. Kennedy subió a una plataforma y se dirigió a la gente. Habló de lo fuertes que eran los EE. UU. y de cómo eran el primer país tanto en defensa como en exploración espacial, con una economía fuerte que beneficiaba a muchos. Durante este discurso, no tuvo ningún tipo de protección ni de la ligera lluvia ni de las interacciones con la gente.

Una vez terminado su discurso, saludó a la gente antes de entrar a desayunar y dar otro discurso a la Cámara de Comercio de Fort Worth. Tras el desayuno, la comitiva se dirigió a la base aérea de Carswell para tomar un breve vuelo a Dallas.

A su llegada a Dallas, tanto el presidente como la primera dama se dirigieron a la gente que esperaba en la valla del exterior del aeropuerto. Saludaron a las personas y les agradecieron que fueran a verles. Uno de los simpatizantes entregó a la Sra. Kennedy un ramo de rosas antes de que la primera familia se dirigiera a reunirse con el gobernador John Connally y su esposa para el viaje a Dallas. La primera familia ocupó el asiento trasero del descapotable. El vicepresidente y su esposa iban en otro coche de la comitiva.

Después de que todos estuvieran situados y listos para partir, comenzaron la procesión de 16 kilómetros que iba a recorrer las principales calles de Dallas. El destino final era un local donde el presidente iba a dirigirse a un grupo de personas en un almuerzo. La procesión se abrió paso lentamente por las calles llenas de gente emocionada por ver al presidente y a su esposa. A las 12:30 p.m., su coche salió de Main Street, cerca de la Plaza Dealey, y pasó por el

Texas School Book Depository. Mientras la procesión pasaba por el edificio, resonó en el aire el sonido de los disparos.

Se cree que se dispararon inicialmente tres balas. Una alcanzó al presidente en el cuello y la siguiente le dio en la cabeza. La tercera alcanzó al gobernador de Texas en la espalda. El conductor aceleró inmediatamente, dirigiéndose al Parkland Memorial Hospital que estaba a pocos minutos de su posición. Kennedy murió probablemente en cuanto fue alcanzado por la segunda bala. Lo declararon muerto al llegar al hospital y llevaron a un sacerdote para que diera la extremaunción al primer presidente católico de la nación. El gobernador sobrevivió y finalmente se recuperó por completo.

El cuerpo del presidente fue cargado en el Air Force One para ser llevado de vuelta a Washington, DC, y en el viaje, el vicepresidente Johnson juró su cargo como presidente. El presidente Kennedy fue declarado muerto a la 1 de la tarde del 22 de noviembre de 1963; el presidente Johnson asumió el máximo cargo del país a las 2:38 de la tarde.

Lee Harvey Oswald fue detenido a las dos horas del asesinato del presidente. Dos días después, el 24 de noviembre, mientras Oswald era trasladado a la cárcel del condado, las cámaras rodaban mientras las noticias cubrían la historia del hombre que había matado a un presidente. De repente, Jack Ruby entró en escena y disparó a Oswald en el estómago en directo. Oswald murió unas horas después en el Hospital Parkland.

Consecuencias

Kennedy fue velado en la rotonda del Capitolio durante veintiuna horas para que la gente pudiera dar su último adiós. Se calcula que unas 250.000 personas lo visitaron durante ese tiempo. El saludo de despedida del hijo de Kennedy al féretro de su padre mientras lo llevaban a la catedral de San Mateo fue grabado. El presidente fue finalmente enterrado en el Cementerio Nacional de Arlington un día después de la muerte de Oswald. Líderes y representantes de más de 100 países diferentes presentaron sus respetos durante el funeral.

A finales de noviembre, el presidente Johnson nombró a alguien para que investigara la muerte de Kennedy y determinara cómo era posible que un presidente pudiera ser asesinado tan fácilmente. La persona designada, el presidente del Tribunal Supremo Earl Warren, formó lo que se conoció como la Comisión Warren, a la que se encargó la investigación del asesinato tanto del presidente como de su asesino, Oswald. La comisión emitió sus conclusiones menos de un año después de los acontecimientos de 1963, concluyendo que Oswald había actuado solo. Además, identificó a Jack Ruby como otro individuo que actuó solo, matando a Oswald por un sentimiento de venganza. Aunque menos del 30% de los estadounidenses creían que Oswald había actuado solo antes de la publicación del informe, después del mismo, el 87% de los estadounidenses creía que había un solo asesino. Este sentimiento no duró mucho, y en 1966 la gente ya empezaba a dudar de las conclusiones aparentemente apresuradas de la Comisión Warren.

En respuesta a los rumores de que la investigación inicial no había contado con la plena cooperación de todas las agencias federales que fueron cuestionadas, se nombró otro comité para investigar el asesinato en 1976. Una de las conclusiones de este segundo comité, formado por la Cámara de Representantes de EE. UU., fue que era casi seguro que hubo un segundo pistolero: no creían que Oswald hubiera actuado solo. Esta conclusión se basaba en una cinta de transmisión que habían recuperado en Dallas y que incluía pruebas de al menos cuatro disparos, quizás más. Esto generó mucha atención, y se llamó a expertos en acústica para que verificaran los sonidos y comprobaran si la conclusión era exacta. Según los expertos, la grabación estaba demasiado degradada para determinar el número de disparos; la cinta no tenía ningún valor. El mismo comité también investigó el asesinato del Dr. Martin Luther King, Jr.

El asesinato de Kennedy no solo puso de manifiesto los problemas de la facilidad de acceso al presidente, sino que también puso en el punto de mira a Texas y su respuesta a la tragedia. Aunque la Comisión Warren acaparó gran parte de la atención, tanto el fiscal general de Texas como el Departamento de Seguridad Pública iniciaron sus propias investigaciones sobre los acontecimientos que condujeron al asesinato. Texas podría ser criticado no solo por no proteger al presidente, sino también por no garantizar la seguridad del asesino.

Una gran cantidad de conspiraciones

El asesinato de John F. Kennedy ha atraído mucha atención, convirtiéndose en una fuente popular de teorías conspirativas. Estas teorías no hicieron más que agravarse tras la reapertura de la investigación y la declaración de que hubo más de un asesino ese día, incluso después de que los expertos en audición desacreditaran la cinta. La gente ha señalado una amplia gama de pruebas, como raspaduras en el hormigón que, según se dice, hirieron a una de las personas que observaban la procesión, algo que no habría sido posible que hiciera Oswald. La incredulidad inicial de que una sola persona pudiera matar al presidente continúa, y hay muchas críticas tanto a la forma en que los funcionarios locales de Texas como las agencias federales habían dejado muchas lagunas en la seguridad. A los estadounidenses se les han ocurrido muchas explicaciones diferentes sobre lo que ocurrió aquel día de 1963, desde conspiraciones que afirman que el gobierno de EE. UU. lo mató, pasando por especulaciones de que el vicepresidente estaba detrás (Kennedy fue asesinado en el estado natal de Johnson), hasta teorías sobre extraterrestres. Se ha convertido en una de las referencias populares favoritas para la televisión, las películas y los relatos debido a la cantidad de incertidumbre que rodea a lo que ocurrió exactamente ese día.

Capítulo 15 - Texas en la actualidad

Con su rica y variada historia, Texas se ha convertido en un estado completamente único dentro de los Estados Unidos. Atrae a millones de turistas cada año que buscan conocer la historia de Texas, experimentar el salvaje Oeste en un entorno mucho más seguro y explorar las tierras que recorrieron algunos de los nombres más notables de la historia.

Estadísticas básicas de Texas

Desde un pequeño grupo de asentamientos y grandes regiones de población indígena hasta el 28º estado de EE. UU. y el centro del esfuerzo estadounidense en la Carrera Espacial, la evolución de Texas ha dado lugar a unas estadísticas muy singulares y a una población muy diversa. Existe casi 1.000 millas (1.600 km) entre el extremo norte y el sur del estado y aproximadamente la misma distancia entre el este y el extremo occidental. La mayoría de los límites del estado están definidos actualmente por masas de agua, como el golfo de México al sureste y los ríos que dividen Texas de Oklahoma, Luisiana y Arkansas. El río Grande es una amplia y hermosa frontera que divide una gran parte de Texas y México.

La capital del estado sigue siendo Austin, llamada así por el primer estadounidense que logró establecer un asentamiento en el estado. Hoy en día, Stephen Austin es conocido como el Padre de Texas. Houston tiene la mayor población del estado, y otras ciudades importantes son Dallas, Fort Worth y San Antonio. Dallas, Houston y San Antonio figuran entre las diez ciudades más pobladas de Estados Unidos.

Al convertirse el estado en un centro de la NASA, otras industrias tecnológicas también se han establecido allí. El empleo que representan estas industrias ha atraído una afluencia constante de personas a Texas, y suele ser uno de los estados con mayor crecimiento demográfico del país. A partir de la década de 1970, estas tendencias han contribuido a cambiar la demografía del estado.

La evolución de la economía y la educación en Texas

Al principio, los colonos de Texas prosperaron con la agricultura y la ganadería. Tras la reconstrucción, la economía del estado se diversificó mucho más, en gran parte porque la Unión empezó a intentar modernizar el sur. Si el Sur hubiera tenido muchos de los beneficios económicos que obtuvo después de la guerra, habría tenido más posibilidades de éxito. Antes de la guerra civil, los estados del sur dependían principalmente de la esclavitud para prosperar, ya que todas sus economías se basaban en la agricultura y la ganadería. Sin embargo, las economías no cambiaron del todo; más bien, los estados se expandieron mientras trataban de aprender a trabajar sin esclavos que los mantuvieran. El ganado, el algodón y el petróleo siguen siendo las principales fuentes de ingresos de Texas, pero el estado ha experimentado un crecimiento comprensible en los sectores de la tecnología, la banca, los seguros y la construcción a medida que ha ido prosperando en el último siglo.

En Texas existen más de 140 colegios y universidades, incluidos los colegios comunitarios y los junior colleges. La Universidad de Texas, situada en Austin, cuenta con unos 50.000 estudiantes al año. Tanto la Universidad de Texas como la Universidad A&M de Texas tienen programas de posgrado reconocidos internacionalmente que atraen cada año a personas de todo el mundo. La prestigiosa universidad privada Rice, situada en Houston, produce graduados que cumplen con un nivel académico superior a la media.

Terreno y climas

Texas puede dividirse en siete regiones principales: Panhandle Plains, Big Bend, Hill Country, Prairies & Lakes, Piney Woods, South Texas Plains y la costa del golfo.

Junto con su historia, la diversidad climática de Texas hace que sea un lugar ideal para los visitantes.

La sequía de Texas

Aunque la mayoría de la gente piensa en Texas como un extenso desierto, tiene una rica historia de ranchos y agricultura. Durante la primera parte del siglo XXI, el estado experimentó graves sequías que obligaron a los ganaderos a solicitar ayuda y a buscar formas innovadoras de cuidar su ganado. El 25% de la población vive en zonas de sequía, y otro 21% en zonas anormalmente secas. Las regiones del sur del estado son las más afectadas, y hasta 2020 había muchos sitios dedicados a monitorear el clima y las temperaturas para alertar lo más posible a los ganaderos.

Conclusión

Aunque todos los estados de EE. UU. tienen sus propias historias, no hay ninguna tan singular como la de Texas. Existe una razón por la que se le conoce como el "Estado de la Estrella Solitaria".

Es el único estado que en su día fue un país propio y que solo se convirtió en un país porque Estados Unidos no quiso anexionárselo (Hawái era un país propio antes de que los empresarios estadounidenses derrocaran a la monarquía hawaiana, pero hasta ese momento, ninguna nación reclamaba Hawái como propia). Aunque la mayoría de la gente conoce la historia del estado como país independiente, muchos desconocen la época anterior a esta, y aún menos se sabe del periodo anterior a la llegada de España al hemisferio occidental.

Texas es uno de los pocos estados que ha visto una interesante mezcla de diferentes demografías debido a su papel fundamental en la exploración europea de Norteamérica. Al principio, no interesaba a los exploradores españoles, ya que se dieron cuenta de que América del Norte no tenía las riquezas que habían encontrado en América del Sur y Central. Los misioneros salieron a intentar convertir a los pueblos nativos, y los soldados se unieron a ellos para establecer asentamientos, pero eso no duró mucho. Francia suponía una amenaza para las pretensiones españolas, lo que llevó a los españoles a intentar establecer asentamientos. Sin embargo, los españoles no estaban acostumbrados a crear asentamientos desde cero, lo que redujo sus probabilidades de éxito. A medida que el territorio se volvía cada vez menos estable y rentable, España comenzó a buscar formas de obtener más dinero de la región, incluso mientras intentaba controlar el creciente resentimiento contra ellos en la ciudad de México y en los alrededores de la colonia. Mientras España invitaba a los estadounidenses a instalarse en la región de Tejas, México libraba una guerra por su propia independencia. Para cuando los primeros colonos estadounidenses estaban preparados para trasladarse a Texas, España ya no controlaba México.

México decidió continuar con el intento de convertir las regiones del norte en asentamientos rentables, por lo que hizo acuerdos como los que España había hecho con los estadounidenses. Las condiciones eran similares, pero México no podía hacer mucho para garantizar que los colonos cumplieran su parte del acuerdo. El hecho de confiar en los líderes de los asentamientos provocó un creciente resentimiento cuando México trató de obligar a los colonos a cumplir los acuerdos que habían hecho. El hecho de que México tardara en encontrar su camino y la guerra civil dentro de México siguiera rápidamente al final de la guerra por la Independencia de México reveló una debilidad. Cuando los colonos lo vieron, iniciaron la guerra por la Independencia de Texas, con la esperanza de que Estados Unidos les apoyara y les anexionara al país.

Los tejanos ganaron su independencia, pero EE. UU. dudó en anexionar la pequeña nación, sabiendo que los mexicanos lo verían de forma negativa. Ese sentimiento cambió unos diez años después, cuando el presidente estadounidense decidió que quería hacer realidad la creciente creencia en el Destino manifiesto. Tras la guerra mexicano-estadounidense, el deseo de convertirse en estado se hizo finalmente realidad, pero Texas aprendería rápidamente que debería haber seguido siendo su propio país.

Unos quince años después de convertirse en el 28º estado, Texas se unió a los confederados para separarse de los Estados Unidos. La guerra civil y la Reconstrucción resultaron ser épocas especialmente difíciles en la historia de Texas, pero con la ayuda del gobierno estadounidense, el estado se encaminó hacia una economía mucho más diversa, con industrias distintas de las plantaciones y la ganadería. El estado empezó a desempeñar un papel importante en Estados Unidos durante el siglo XX. Desde el establecimiento del centro de control principal de la NASA en Houston hasta el asesinato del presidente Kennedy, Texas ha seguido teniendo una historia completamente única.

Vea más libros escritos por Captivating History

Bibliografía

"Remember the Alamo!," 1836, EyeWitness to History, 2020, Ibis Communications Inc, www.eyewitnesstohistory.com/

2. Imperial Rivalry II: Spain & France in Tejas (Texas), National Humanities Center, 2020, nationalhumanitiescenter.org/

29d. The Mexican-American War, US History, 2019, Independent Hall Association in Philadelphia, www.ushistory.org/

A Brief History of the Texas Rangers, Mike Cox, 2018, Texas Ranger Hall of Fame and Museum, www.texasranger.org/

Alamo: Monument, San Antonio, Texas, United States, The Editors of Encyclopedia Britannica, 2020, www.britannica.com/

American Indians; A Story Told for Thousands of Years, Bullock Texas State History Museum, 2020, www.thestoryoftexas.com/

Anglo-American Colonization Efforts, Texas State Library, 2020, Archives Commissions, www.tsl.texas.gov/

Anglo-American Colonization, Margaret Swett Henson, 2020, Texas State Historical Association, tshaonline.org/

Apache Indians, Jeffrey D. Carlisle, 2020, Texas State Historical Association, tshaonline.org/

Apollo: Space Program, The Editors of Encyclopedia Britannica, 2020, www.britannica.com/

Causes of Texas Independence, Christopher Minster, May 30, 2019, Thought Co., www.thoughtco.com/

Civil War, Ralph A. Wooster, Brett J. Derbes, 2020, Texas State Historical Association, tshaonline.org/

Conquistadors, Bullock Texas State History Museum, 2020, www.thestoryoftexas.com/

Father of Texan Independence, Christopher Minister, July 21, 2019, Thought Co., www.thoughtco.com/

First Oil Discoveries, America Oil & Gas Historical Society, 2020, aoghs.org/

First Texas Oil Boom, Petroleum Pioneers, 2020, American Oil & Gas Historical Society, aoghs.org/

Fredonian Rebellion, Archie P. McDonald, 2020, Texas State Historical Association, tshaonline.org/

French-Spanish Rivalry in Tejas (Texas), 1685-1690), National Humanities Center, 2020, nationalhumanitiescenter.org/

Gonzales, Battle of, Stephen L. Hardin, 2020, Texas State Historical Association, tshaonline.org/

History of Johnson Space Center, NASA, August 3, 2017, www.nasa.gov/

History of Oil Discoveries in Texas, Texas Almanac, 2020, Texas State Historical Association, texasalmanac.com/

Houston, We've Had a Problem, James A. Lovell, 2020, Apollo Expeditions to the Moon, history.nasa.gov/

Independence and Revolution, 2020, Mexico Newsletter, Mexperience, www.mexperience.com

Joint Resolution for Annexing Texas to the United States Approved March 1, 1845, Peters, Richard, August 24, 2011, Texas State Library, www.tsl.texas.gov/

Los Diablos Tejanos, Michal Gray, 2000, Images of the West, www.imageswest.digitalimagepro.com/

Mexican Rule – 1821 – 1835, Katie Whitehurst, 2020, Historical Eras, Texas Our Texas, texasourtexas.texaspbs.org/

Mexican Rule – 1821 – 1835, Katie Whitehurst, 2020, Historical Eras, Texas Our Texas, texasourtexas.texaspbs.org/

Mexican Texas, Arando De Léon, 2020, Texas State Historical Association, tshaonline.org/

Mexican-American War (1846-48), US Navy, August 19, 2019, Naval History and Heritage Command, www.history.navy.mil/

Narrative History of Texas Annexation, Jean Carefoot, August 24, 2011, Texas State Library, www.tsl.texas.gov/

November 22, 1963: Death of the President, John F. Kennedy President Library and Museum, 2020, National Archives, www.jfklibrary.org/

Reconstruction, Carl M. Moneyhon, 2020, Texas State Historical Association, tshaonline.org/

Remembering the Alamo, Bruce Selcraig, April 1, 2004, Smithsonian Magazine, www.smithsonianmag.com/

Spanish Colonial 1689-1821, Katie Whitehurst, 2020, PBS, texasourtexas.texaspbs.org/

Spanish Colonial, Katie Whitehurst, 2020, PBS, texasourtexas.texaspbs.org/

Stephen Fuller Austin, PBS, 2001, New Perspectives on The West, www.pbs.org/

Texas During the Civil War, Louis J. Wortham, 2020, Texas Military Forces Museum, www.texasmilitaryforcesmuseum.org/

Texas Rangers, Bullock Museum, 2020, Bullock Texas State History Museum, www.thestoryoftexas.com/

Texas Revolution, Jeff Wallenfeldt, 2020, Encyclopedia Britannica Inc, www.britannica.com/

Texas: State, United States, Gregory Lewis McNamee, DeWitt C. Reddick, Ralph A. Wooster, January 17, 2020, Encyclopedia Britannica, www.britannica.com/

The Apollo Mission, NASA, February 1, 2019, www.nasa.gov/

The Comanche - Horsemen of the Plains, Legends of America, 2020, www.legendsofamerica.com/

The Mexican American War, PBS, 2020, American Experience, www.pbs.org/

The Mexican-American War in a Nutshell, NCC staff, May 13, 2019, Constitution Daily, National Constitution Center, constitutioncenter.org/

The Republic for Texas - The Texas Revolution Texas Declaration of Independence, Texas State Library, 2020, www.tsl.texas.gov/

The Spanish Colonial Era in Texas, study.com, 2020, study.com/

The Start of the Space Race, Khan Academy, 2020, www.khanacademy.org/

The Texas Revolutionary War (1835-1836), 2020, United States History, www.uswars.net/

Three Shots Fired at President Kennedy's Motorcade..., Texas State Library, 2020, www.tsl.texas.gov/

Why the Public Stopped Believing the Government about JFK's Murder, Steve M. Gillon, November 21, 2019, History, A&E Television Networks, www.history.com/

www.ingramcontent.com/pod-product-compliance
Lightning Source LLC
LaVergne TN
LVHW041641060526
838200LV00040B/1658